편의점을 털어라! 화학편

고은지 글 · 왕지성 그림 · 이정모 감수

북멘토

감수자의 말

우리가 학교나 직장만큼이나 자주 가는 곳이 있습니다. 바로 편의점이죠. 방문 횟수로 치면 편의점은 아마 교회나 도서관보다 훨씬 더 많을 겁니다. 그런데 생각해 보니 편의점에는 그야말로 아무 생각 없이 다녀오는 곳이죠. 어느 상품을 고를 것인가 하고 고민하는 게 전부일 겁니다. 편의점이 구매 외에 다른 의미가 있는 공간이 되면 얼마나 좋을까요?

저는 방법을 찾았습니다. 바로 〈편의점을 털어라〉 시리즈를 읽는 것이죠. 놀라지 마세요. 우리가 편의점 털이 강도가 되자는 게 아닙니다. 편의점에 숨어 있는 과학 지식을 털자는 겁니다. 그 과학 지식을 혼자 가지고 있는 것보다는 남들과 함께 나누면 더 즐거울 겁니다. 책에 등장하는 닥터 봉일 아저씨처럼요. 수수께끼와 사고 실험을 통해서 우리는 편의점에 있는 상품에 숨어 있는 과학의 원리를 깨닫고 또 다른 응용 방법을 고민하게 됩니다.

〈편의점을 털어라〉 시리즈의 작가 고은지 선생님은 인체편에 이어 이번에는 화학편으로 우리 독자들과 만납니다. 화학은 어렵습니다. 정말입니다. 화학자도 화학을 좋아할 뿐이지 화학을 쉽다고 생각하지는 않습니다. 저는 생화학자입니다. 생물 안에서 일어나는 화학 현상을 연구하는 학문을 연구하는 사람이죠. 생화학자에게도 화학은 어려워요. 왜냐하면 눈에 보이지 않는 것들을 다뤄야 하거든요.

화학은 원래 어렵습니다. 그러다 보니 화학을 설명하는 많은 책들이 정작 화학은 다루지 않고 화학자들의 여러 가지 재미있는 일화만 다루고 말지요. 하지만 고은지 작가님은 어려운 화학을 이해할 수 있게 풀어내셨습니다. 독자 여러분은 크게 고민하실 필요가 없어요. 여러분도 주인공 나도명이 되어서 닥터 봉일 아저씨와 함께 은밀한 모험을 즐기면 됩니다. 책을 다 읽은 다음에는 여러분이 닥터 봉일 아저씨가 되어 보세요. 그리고 친구들과 함께 그 답을 찾아보세요.

이정모(펭귄각종과학관장, 전 국립과천과학관장)

작가의 말

《편의점을 털어라_인체편》에 이어 다시 한번 여러분들을 만날 수 있게 되어 기쁩니다. 이번 화학편에서는 편의점 점장인 닥터 봉일 아저씨와 간식이라면 껌뻑 죽는 나도명이 이야기를 풀어 갑니다. 사실, 닥터 봉일 아저씨의 이름은 영국의 화학자 로버트 보일(1627~1691)에서 따왔어요. 로버트 보일이라는 화학자는 기체의 압력(P)과 부피(V) 사이의 관계를 밝혀낸 것으로 유명합니다. '기체의 압력과 부피는 서로 반비례한다'라는 한 줄짜리 원리이지만 이 단순한 원리를 밝혀내기 위해 로버트 보일은 연구에 연구를 거듭하죠. 우리 편의점 점장인 봉일 아저씨처럼요.

화학은 눈에 보이는 물질을 원자와 분자라는 작은 단위로 쪼개서 그 성질을 밝혀내는 학문이에요. 그렇게 밝혀낸 성질을 이용해서 다양한 물질을 화합시키고 새로운 물질을 만들어 내기도 해요. 우리가 이렇게 안전하면서도 편리하게 살 수 있는 것도 모두 화학 덕분이랍니다.

이번 화학편에서는 기체, 액체, 고체, 압력, 부피 등 생소하지만 꼭 알아야 할 개념들이 많이 나오게 될 거예요. 화학은 각각의 개념을 정확하게 알고 그 개념 사이의 관계를 잘 살펴보는 게 무엇보다도 중요하답니다. 처음에는 화학 용어가 어렵게 느껴질 수도 있지만 자주 보고, 듣다 보면 친구를 사귀는 것처럼 금세 친해질 수 있을 거예요. 멀리서 보면 새초롬하게 보이는 친구였는데 막상 친해지고 보니 누구보다도 이야기가 잘 통하고 재미있는 친구처럼요. 자, 그럼 화학이라는 친구와 친해질 준비가 됐나요? 그럼, 《편의점을 털어라_화학편》이야기 속으로 함께 출발해 봐요!

편의점 속 과학 이야기를 사랑하는 작가

고은지

차례

감수자의 말　04
작가의 말　06

프롤로그 — **신장개업! 봉일 편의점**　12

첫 번째_ **고체인 듯 액체인 듯 정체가 뭐야? 젤리**　22

- 오늘의 용어 정리　물질의 상태 : 고체, 액체, 기체　38
　　　　　　　　　젤리는 고체일까? 액체일까?　39
- 생활 속 과학 돋보기　겔 상태를 만드는 그물 구조　40
　　　　　　　　　　생활 속에서 유용하게 쓰이는 겔　41
- 역사 속 과학 돋보기　양갱이 '양고기 국'이었다고?　42

　정보 TMI　젤리 이야기　44

두 번째_ **라면 먼저? 수프 먼저? 봉지 라면**　46

- 오늘의 용어 정리　순물질과 혼합물　60
　　　　　　　　　혼합물의 끓는점 오름　61
- 생활 속 과학 돋보기　끓는점을 변화시키는 또 다른 열쇠, 기압　62
　　　　　　　　　　끓는점 오름으로 맛있는 요리를!　63
- 역사 속 과학 돋보기　우리가 쓰는 섭씨(℃)온도, 어떻게 만들어졌을까?　64

　정보 TMI　라면 이야기　65

세 번째_ 라면 국물에는 찬밥? 더운밥? 즉석밥   68

- 오늘의 용어 정리   쌀은 어떻게 밥이 될까?: 녹말의 호화 과정   82
  더운밥에서 찬밥으로: 녹말의 노화 과정   83
- 생활 속 과학 돋보기   노화 과정을 늦춰라!   84
  노화 과정을 활용한 식품   85
- 역사 속 과학 돋보기   언제부터 밥을 먹었을까?   86

  정보 TMI 즉석밥 이야기   88

네 번째_ 재료 반, 공기 반 아이스크림   90

- 오늘의 용어 정리   부피가 있는 공기   106
  아이스크림의 식감을 결정하는 공기의 부피   107
- 생활 속 과학 돋보기   생활 속에서 기체의 부피를 어떻게 이용할까?   108
  음식 속으로 들어간 기체   109
- 역사 속 과학 돋보기   막대 아이스크림의 탄생   110

  정보 TMI 아이스크림 이야기   112

다섯 번째_포장지 속 기체의 정체 **감자칩**　　114

- **오늘의 용어 정리**　반응성이 낮은 기체, 질소　**128**
　　　　　　　　　　　반응성이 높은 기체, 산소　**129**
- **생활 속 과학 돋보기**　질소의 이용　**130**
- **역사 속 과학 돋보기**　질소의 뜻이 '질식시키는 물질'이라고?　**132**
- **정보 TMI**　**감자칩 이야기**　**134**

여섯 번째_이산화탄소의 압력을 견뎌라! **탄산음료**　　136

- **오늘의 용어 정리**　이산화탄소를 많이 녹이려면 : 기체의 용해도　**150**
　　　　　　　　　　　이산화탄소의 압력을 견뎌라 : 아치 모양　**151**
- **생활 속 과학 돋보기**　생활 속에서 만나는 기체의 용해도　**152**
　　　　　　　　　　　　팔방미인 아치의 활용　**153**
- **역사 속 과학 돋보기**　왕관 병뚜껑의 발견　**154**
- **정보 TMI**　**탄산음료 이야기**　**156**

일곱 번째_ 엄청난 수증기 압력 **팝콘**　158

- **오늘의 용어 정리**　압력이란?　172
　　　　　　　　　　팝콘 튀기기 : 기체의 압력　173
- **생활 속 과학 돋보기**　모든 옥수수가 팝콘이 되는 것은 아니야　174
　　　　　　　　　　팝콘을 만드는 수증기의 힘이
　　　　　　　　　　증기 기관차를 움직였다고?　175
- **역사 속 과학 돋보기**　팝콘, 인디언들의 발명품　176

　정보 TMI　**팝콘 이야기**　178

에필로그　180

프롤로그

신장개업! 봉일 편의점

"오늘부터 과학 학원 수업 시작되는 거 알고 있지?"

학교 마치는 시간에 딱 맞춰서 엄마 문자가 도착했다. 과학의 '과' 자 만 꺼내도 고개를 절레절레 흔드는 나에게 엄마는 '과학 학원'이라는 무시무시한 처방을 내렸다. 아, 과학까지 학원을 다녀야 하다니! 바로 오늘이 그 첫날!

뒤이어 두 번째 문자가 도착했다.

"학원 가기 전에 간식 사 먹고 집중해서 열심히 공부해. 우리 아들, 파이팅!"

우리 엄마는 병 주고 약 주는 데 선수다.

그래, 학원은 학원이고 일단 먹자. 공부도 배가 든든해야 더 잘 되는 법이라고.

새로 다니게 된 학원이라 주변 지리를 잘 모르긴 하지만 근처 어딘가에 편의점 하나는 있을 게 뻔하다. 내 주관적인 생각이지만 학원과 편의점은 수업 시간과 쉬는 시간처럼, 햄버거와 콜라처럼 세트여야 한다.

학원 맞은편 골목에는 학원생의 아지트인 편의점이 떡하니 보였다. 간판이 깨끗한 걸 보니 개업한 지 얼마 안 된 듯하다. 이름부터 특이하다.

"봉일 편의점? 체인점이 아닌가?"

나는 편의점 문을 열고 들어섰다. 이상하다. 아무런 기척이 없이 조용하다. 주인이 잠깐 화장실 갔나? 그러면 보통 문을 잠궈 놓을 텐데? 과자를 고르고 있으면 누구든 곧 오겠지. 오늘은 어떤 간식을 먹어 볼까?

하루 중 가장 설레는 순간인 만큼 나는 신중하게 진열대를 훑어보았다. 그때, 구석 한편에 다소곳이 놓여 있는 버블젤리가 눈에 들어왔다. 와우, 저것은 그렇게 구하기 힘들다는 신상 버블젤리! 신상 버블젤리가 여기 있을 줄이야! 나는 버블젤리를 냉큼 집어 들었다.

갑자기 편의점 여기저기서 경보음이 울리기 시작했다.

"삐 삐, 삐 삐. 침입자 발생! 침입자 발생!"

"뭐, 뭐야?"

멀쩡했던 바닥에서 뿌연 연기가 스멀스멀 올라오고, 조명이 요란하게 깜빡거렸다. 편의점 창고 문이 벌컥 열렸다.

정체를 알 수 없는 뿌연 형체가 나를 향해 서서히 다가왔다.

"오, 오지 마! 소, 소리 지를 거야. 으악!"

나는 눈을 질끈 감은 채 편의점 안에서 손에 잡히는 것들을 마구잡이로 있는 힘껏 던졌다.

"야! 아얏, 그만! 그으만!"

커다란 고함 소리와 함께 연기가 걷히면서 드러나는 정체. 깡마르고 큰 키에 바람머리를 한 아저씨가 나를 원망 가득한 눈으로 바라보고 있었다. 바람머리 아저씨 왼편 가슴에는 '점장 봉일'이라는 명찰이 달려 있었다.

나는 놀란 가슴을 진정시키며 물었다.

"나 말이야? 그래! 내가 이 편의점 점장 닥터 봉일이다."

편의점 조끼 위에 입은 하얀 가운의 소매를 걷어붙이며 아저씨가 말했다.

"야, 꼬마! 너 말이야, 주인도 없는 편의점에서 함부로 물건을 만지면 되냐? 오늘이 이 편의점 문을 연 첫날이고, 새로 만든 경보 장치가 제대로 작동하는 걸 확인했으니 이 번 한 번만 넘어가 주지."

아저씨는 엄한 표정을 지으며 팔짱을 꼈다. 마치 봐준다는 식이었다. 아저씨는 경보 장치 작동이라는 알 수 없는 말을 중얼거렸다. 휴, 앞에 있는 사람 신원이 밝혀졌으니 안심이다.

가만, 대낮에 편의점 문을 활짝 열어 놓고 자리를 비운 사람이 누군데? 물건 사러 온 손님에게 함부로 물건을 만졌다니, 말이 좀 심하시네.

나는 흐트러진 진열대를 정리하고 있는 아저씨에게 따져 물었다.

"아니, 편의점에서 물건을 사려는데, 물건을 어떻게 안 만져요?"

아저씨가 날 빤히 쳐다보며 대꾸했다.

"음, 그러네. 좋아 인정! 오해할까 봐 미리 말해 두는데 우리 편의점은 숍인숍(shop in shop)이야. 가게 안에 또 다른 가게. 사실, 나는 20년 차 프로 과학자란다. 먹고살기 위해 편의점을 하게 되었지만 내 꿈은 화학자! 늘 이 마음 한구석엔 과학에 대한 열정이 가득하다고. 그런 점에서 이 가게는 오늘부터 편의점과 연구실의 창의적 조합이랄까? 하하, 과학자 봉일의 발상에 놀란 건 아니겠지? 아! 절대 돈이 없어서 두 가게를 합친 건 아니라고. 흠흠. 어쨌든,

잠깐 실험실에 다녀온 사이에 편의점에 손님이 들어와 있을 줄은 몰랐지. 경보기 때문에 놀랐다면 미안.”

아저씨가 호들갑스럽게 가게 소개를 하고 갑자기 사과를 하자 당황스러웠다. 나는 머뭇거리며 말했다.

“저, 이거 계산할게요.”

나는 떨어진 버블젤리를 주워 들고 계산대로 향했다. 값을 치르려 지갑에서 돈을 꺼내자 점장 아저씨는 잠깐 멈추라는 손짓을 했다.

아, 진짜! 또 뭐지?

“꼬마야, 내가 제안을 하나 하지. 봉일 편의점에서 물건을 구입하고 난 뒤에 포장지를 꼼꼼이 살펴봐. 아마 편의점 간식 마니아라면 손쉽게 맞출 수 있는 퀴즈가 널 기다리고 있을 거야. 일명 별풍선 퀴즈!. 만약, 별풍선 퀴즈를 맞힌다면 다음에 사는 물건은 어떤 것이든 공짜! 물론 틀리면…… 제값을 내야 하고 말이야.”

“네?”

이건 또 무슨 말인가? 별풍선 퀴즈를 맞히면 다음 물건은 공짜라고?

“왜? 네 입장에선 손해 볼 건 전혀 없을 것 같은데? 물건은 당연히 제값을 주면서 사야 하는 거고, 문제를 맞히면 다음 살 물건이 공짠데……? 제안에 구미가 당기지 않아?”

아저씨 말을 듣다 보니 그럴듯했다. 그래, 이 상황에선 내가 손해 볼 일은 없지!

여기까지 생각이 미치자 아저씨 제안을 기꺼이 수락하기로 했다. 그렇다면, 아까부터 계속 걸렸던 한 가지를 분명하게 짚고 넘어가야지. 왠지 앞으로 이 아저씨와 맞짱 뜰 일이 자주 있을 것 같기 때문이다.

"제안을 수락할게요. 그 전에 아저씨! 저한테 당장 사과하세요. 저 꼬마 아니거든요? 앞으로는 손님에게 꼬마라고 부르는 일은 삼가해 주셨으면 좋겠어요."

아저씨는 나의 당돌함에 당황한 눈치였다.

"아, 이래서 남의 돈 벌어먹고 살기는 힘들다니까. 에휴! 그래, 넌 이름이 뭔데? 이 참에 우리 통성명이나 하자. 나는 편의점 점장인 봉일 박사라고 해. 그냥 닥터 봉일이라고 불러. 편의점 이름도 내 이름을 따서 봉일 편의점이지."

아저씨는 굳이 '닥터'라는 단어에 힘을 주며 말했다.

닥터인지 닭털인지 난 잘 모르겠고, 그냥 봉일 아저씨가 딱이다. 얼굴만 봐도 옆집 아저씨가 같은걸!

"저는 나도명이에요. 앞으로는 도명이라고 불러 주세요. 봉일 아저씨!"

아저씨는 내 대답을 듣는 둥 마는 둥 하며 내 손에 든 버블젤리를 재빠르게 낚아챘다. 봉일 아저씨는 젤리의 바코드를 스캔했다.

"삐! 버블젤리 인식 완료. 물질의 상태에 따른 미션"

바코드에서 요상한 소리가 났다. 다른 편의점들과는 계산 시스템도 다른 모양이다.

"봉일 아저씨가 아니라 닥터 봉일! 알겠냐?"

아저씨는 계산을 마친 버블젤리를 나에게 돌려주며 말했다.

아저씨도 나를 꼬마가 아니라 나도명으로 불러 준다면, 나도 닥터 봉일로 불러 드리리다. 나는 계산을 마치고, 의기양양하게 편의점 문을 나섰다. 나는 봉일 아저씨가 들리지 않게 작은 목소리로 중얼거렸다.

'봉일 아저씨, 나를 잘못 봤어. 곧 후회막심하게 될걸. 오늘로서 내가 돈을 내고 편의점 간식을 사는 일은 없을 거다. 히히.'

오, 신상 버블젤리!

첫 번째

고체인 듯 액체인 듯 정체가 뭐야?
젤리

편의점에서 너무 많은 시간을 지체해서, 학원에 도착하자마자 수업이 시작되었다. 나는 주머니 속 버블젤리만 만지작거리면서 학원이 끝나기만 기다렸다. 많은 친구가 먹어 보고 엄지척을 날렸다던 바로 그 버블젤리가 지금 내 주머니에 있다.

집으로 돌아온 나는 책상에 앉자마자 젤리 봉지를 뜯었다. 보석같이 화려한 색깔의 동그란 젤리들이 고운 자태를 뽐내고 있었다.

'무슨 맛부터 먹어 볼까? 그래, 역시 남자는 핑크지!'

나는 복숭아 맛을 예상하며 핑크색 동그란 젤리를 힘껏 깨물었다. 그런데 이게 웬일? 말랑하게 씹혀야 할 젤리가 마치 알사탕처럼 딱딱했다. 이가 다 아팠다.

"아얏! 젤리가 왜 이렇게 딱딱해?"

나는 입속에 있던 젤리 조각들을 뱉어냈다. 혹시나 싶어 봉지 안에 손을 넣어 남은 젤리를 만져 보았다. 아까처럼 어처구니없게 딱딱한 것은 없었다. 혹시 모르니 입에 넣고 아주 조심스럽게 혀로 굴려 봤다. 탱글탱글한 식감은 젤리가 맞다. 안심한 나는 연둣빛 동그란 젤리를 어금니로 깨물었다.

"윽! 이건 또 뭐야."

젤리를 깨물자 물풍선 안에 있던 물이 터지듯 입 밖으로 끈적끈적한 액체가 톡 터지며 질질 흘러나왔다.

나는 휴지로 입 주변을 닦으며 젤리 봉투를 집어 들었다. 아무래도 유통 기한이 지났거나 불량 젤리가 틀림없다. 어린아이를 무시해도 유분수지 이런 물건을 팔다니! 신상 젤리에 대한 기대가 컸던 만큼 화가 났다. 사회 시간에 배운 소비자의 권리가 생각났다. 제품에 이상이 있는 경우에는 판매자에게 정상적인 제품으로 교환하거나 환불을 요청

할 수 있다고 했다. 나는 남은 젤리 봉지를 한 손에 움켜쥐고 봉일 편의점으로 향했다.

"띵동"

편의점 문이 열리자, 카운터에 앉아 있는 봉일 아저씨가 보였다. 옳지, 지금은 제자리에 앉아 있구먼.

나는 성큼성큼 아저씨를 향해 다가가 내가 먹었던 젤리 봉지를 카운터에 내밀었다. 그러고는 큰 소리로 말했다.

"아저씨! 이거 불량이에요. 이런 물건을 파시면 어떡해요?"

아저씨는 이 일을 예상이라도 했다는 양 씨익 웃으며 손으로 젤리 포장지의 한 귀퉁이를 가리켰다. 그곳에는 작은 글씨로 이렇게 쓰여 있었다.

✦ 별풍선 퀴즈 ✦

젤리를 좋아하는 고객님께,
본 상품은 여러분의 과학 지식을 업그레이드
시켜 드리기 위해 특별 제작된 제품입니다.
질문에 대한 답을 생각해 보시고
조심조심 젤리를 입에 넣어 주세요.

젤리는 고체일까요? 액체일까요?

아, 맞다! 별풍선 퀴즈가 있었지. 그때서야 봉일 아저씨 제안이 생각났다. 나는 마치 전투에서 진 장군처럼 어깨가 축 늘어졌다. 이번은 나의 실책이 분명하다.

아저씨는 나에게 문제를 다시금 상기시키며 답을 말하라고 했다. 과연 젤리는 액체일까 고체일까? 시험 기간 외에는 잘 사용하지 않던 내 대뇌를 풀가동시키기 시작했다. 학교에서 배웠던 모든 내용을 총동원하며 3학년 때 배운 내용을 떠올리기 시작했다.

'분명히 3학년 때 선생님이 그러셨어. 고체는 담는 그릇이 바뀌어도 모양과 부피가 일정한 성질을 가지고 있다고. 그리고 액체는 담는 그릇에 따라 모양은 변하지만 부피가 일정한 성질이 있다고 말이야. 그럼 젤리는 담는 그릇이 달라져도 모양과 부피가 일정하니까…… 고체네!'

여기까지 생각을 끝낸 나는 뭔가 해결되지 않은 찝찝함을 느꼈다.

'그런데 우리가 알고 있는 고체는 딱딱하고 모양이 잘 변하지 않는데, 젤리는 고체라고 하기에는 모양이 쉽게 변하잖아. 손으로 누른 만큼 들어가고 말이야. 그렇다고 액체처럼 흐르지도 않는데…….'

결국 나는 '에라 모르겠다' 전법을 쓰기로 했다. 아무리 내 머리로 생각해 봐야 더 이상의 지식이 나올 리 만무했다. 일단 정답부터 외치고 보자.

"정답!"

"오! 그래"

봉일 아저씨는 눈이 동그래지며 나를 뚫어지게 쳐다보았다.

나는 침을 꼴깍 삼키며 대답했다.

"젤리는…… 젤리는…… 고체도, 액체도 아니에요."

답을 하고 나서도 나는 어이가 없었다. 분명 과학 시간에 물질의 상태는 고체, 액체, 기체 세 가지 상태 중 하나라고 배운 걸 기억하고 있는데…… 이게 뭐람.

나는 앞으로 봉일 편의점에는 창피해서라도 올 수 없겠다는 생각이 들었다.

그때였다!

어디선가 들리는 영롱한 실로폰 소리.

딩동댕!

뒤이어 AI의 음성이 들렸다.

"정답! 별풍선 한 개 적립! 나도명 어린이의 포인트 적립을 축하합니다!"

내가 문제를 맞췄다고? 젤리가 고체도 액체도 아닌 또 다른 무언가라고?

AI의 음성을 듣고 봉일 아저씨는 축하한다며 손을 내밀었다.

나는 얼떨결에 아저씨 손을 잡고 흔들어 댔다. 마음속으로는 제발 우리 반 샘처럼 '왜 그렇게 생각하지요?'라는 질문을 하지 않길 바라며.

불길한 예상은 왜 항상 적중하는 것인지 아저씨는 초롱초롱한 눈으로 나를 쳐다보며 "왜?"라는 질문을 던졌다. 아, "몰라요!"라고 하기는 내 자존심이 허락하질 않는걸. 그렇다고 딱히 맞는 답이 떠오르는 것도 아니지만, 나는 용기를 내어 운을 뗐다.

"음…… 그러니까, 보통 고체는 그 형태가 눈에 보이면서 딱딱하잖아요. 반면에 액체는 눈에 보이기는 하지만 흐르는 성질이 있어요. 그런데 젤리는 고체라고 하기에는 너무 무르고, 액체라고 하기에는 흐르는 성질이 없어서…… 둘 다 아닌 거죠. 뭐."

일단 이렇게 대답하긴 했다. 아저씨가 나를 바보라고 생각할까 속으로 걱정되었다. 대답을 마친 나는 괜히 딴청을 피웠다. 봉일 아저씨는 아까보다 더 커진 눈으로 나를 보며 말했다.

"꼬마, 너 제법인걸? 아, 아니! 도명아."

그러고는 말을 이어 나갔다.

"네 말대로 젤리는 고체도 아니고 액체도 아니야. 정확하게 말해서는 '겔(gel)' 상태라고 할 수 있지."

"젤리 할 때 젤이요?"

"아니, 젤! G. E. L."

봉일 아저씨가 각 단어에 힘을 주며 말했다.

"너, 도토리묵이랑 푸딩 먹어 본 적 있냐?"

"당연하죠. 우리 할머니가 쑨 도토리묵이 얼마나 맛있다고요."

"그래, 그 도토리묵도 젤리와 같은 겔 상태야."

설명을 마친 아저씨는 계산대 밑에서 무언가를 뒤적거리더니 과학실에서나 볼 수 있는 물건을 하나하나 꺼내 놓기 시작했다.

어느새 계산대 위는 간이 실험 테이블이 되었다. 투명 비커, 쟁반, 유리 막대 등을 보니 저번에 이 아저씨가 20년 차 프로 과학자라고 했던 말이 허황된 말은 아닌 듯했다.

아저씨는 비커에 따뜻한 물을 반 이상 부어 넣었다. 그리고 그곳에 정체 모를 가루를 한 숟가락 듬뿍 털어 넣고는 유리 막대로 휘휘 저었다.

"이 가루가 바로 젤리를 만드는 데 없어서는 안 되는 젤라틴이라는 거야. 젤라틴은 소나 돼지 같은 동물의 가죽이나 힘줄을 구성하는 콜라겐이라는 단백질로부터 얻어지는 물질이지."

아저씨는 젤라틴이 녹아 있는 물의 온도를 측정했다.

"캬! 온도 하나는 기가 막히게 맞췄다. 젤라틴을 녹이고 있는 이 물의 온도가 약 80℃야. 젤라틴에는 가루 젤라틴이 있고, 판 젤라틴이 있는데 각각의 종류에 따라 녹이는 온도가 달라져.

우리는 편의상 가루 젤라틴을 사용하자. 하지만 판 젤라틴을 사용할 경우라면 너무 높은 온도는 피해야 해. 이 녀석들이 온도에 꽤 민감하거든."

"이렇게 녹여 주면 젤리가 완성되는 거예요? 지금은 완전 액체 같은데요?"

아저씨는 검지를 좌우로 흔들어 보이며 말했다.

"노 노! 성격도 급하긴. 조금만 기다려 봐. 지금은 젤라틴의 작은 입자들이 물에 고르게 퍼져 떠다니고 있는 상태야. 하지만 점차 물은 식을 테고, 그럼 떠다니던 입자들이 서로 얽히면서 그물 같은 구조를 만들게 되겠지. 진정한 젤리는 그때 탄생되는 거란다."

아저씨 말대로 몇 분이 지나자 비커에 담긴 액체가 묵처럼 굳기 시작했다. 수저로 표면을 눌러 보니 탱글탱글한 느낌이 딱 젤리 같았다.

"우아! 온도만 내려갔을 뿐인데 도대체 물속에서 무슨 일이 일어난 거예요?"

"하하, 신기하지? 네 리액션을 보니 설명하는 보람이 느껴지는군. 내친김에 물속에서 일어나는 젤라틴 입자의 변화를 눈에 보이게 설명해 주지."

아저씨는 갑자기 계산대에 있던 강아지 포스기의 버튼을 3초 동안 꾹 하고 눌렀다.

그러자 포스기가 맞은편 편의점의 하얀 벽을 향해 밝은 빛을 쏟아 냈다. 마치 영화관에서 영사기가 스크린을 향해 빛을 비추는 것처럼 말이다. 하얀 벽을 스크린 삼아 아저씨는 영상을 하나 띄우고는 설명을 이어 나갔다.

"잘 봐, 처음 따뜻한 물속에서는 젤라틴 입자들이 이렇게 움직이고 있었어."

아저씨가 보여 주는 첫 번째 영상에서는 물속에서 마치 작은 지렁이들이 자유롭게 물속을 헤엄쳐 다니는 듯한 모습이 펼쳐졌다.

"그런데 점점 온도가 내려가면 이 젤라틴 입자들이 서로 결합하면서 그물 구조를 형성한단 말이지. 그리고 그 그물 사이사이에는 물 입자들이 갇히게 되고 말이야."

아저씨는 두 번째 영상까지 마저 보여 주었다.

"물에 떠다니던 입자들이 온도가 내려가면서 움직임이 둔해지고 서로 얽히게 되지. 그럼 그 사이에 있던 물 입자들은 갇히게 되는 거고 말이야."

"아, 그런데 저 그물 구조가 굳어지기는 하지만 일반적인 고체처럼 그렇게 단단해지지는 않아서 만지면 젤리처럼 말랑말랑하다는 거죠? 마치 풍선 안에 물을 담아 놓은 것처럼요?"

"그렇지! 생각보다 이해가 빠른걸! 젤리는 고체도 액체도 아니다가 정답이었던 거야. 왜냐하면 고체와 액체 중간 상태를 모두 포함하고 있는 겔 상태이기 때문이지. 우리 생활 속에는 고체, 액체, 기체 상태로 규정하기 힘든 물체들이 꽤 많이 있다고."

아저씨의 설명을 들으니 몇 가지 떠오르는 것들이 있었다.

"아! 그러고 보니, 저희 엄마가 좋아하는 양갱이랑 된장찌개에 꼭 들어가는 두부, 할머니가 해 주시는 도토리묵과 메밀묵도 비슷한 상태인 것 같은데요?"

"허허. 녀석! 딱 맞았어. 이처럼 자연계에는 액체에 녹아서 입자끼리 특이한 배열로 얽히게 되는 물질들도 있단다. 그래서 특유의 점성과 식감이 생기는 거지."

젤리에서 입자의 배열까지 와 버렸다. 하지만 뭐…… 체면을 구기지 않은 게 어디인가. 게다가 다음 간식은 약속대로 공짜!

나는 아저씨의 맘이 바뀔세라 재빨리 물어보았다.

"아저씨! 다음 간식은 공짜?"

아저씨는 한쪽 눈을 찡긋거리며 말했다.

"콜!"

아! 이 아저씨 말이 좀 통하는 사람이었구먼!

오늘의 용어 정리

물질의 상태 : 고체, 액체, 기체

물질은 크게 고체, 액체, 기체의 상태로 분류할 수 있어. 온도와 압력에 따라 한 물질이 이 세 가지 상태를 왔다 갔다 하지. 마치 온도가 낮은 냉장고에서는 물이 얼음이 되었다가, 펄펄 끓는 전기 포트에서는 물이 수증기로 상태로 변하는 것처럼 말이야.

고체, 액체, 기체는 각각 어떤 특성이 있을까? 얼음, 나무, 돌, 입자가 작은 모래, 설탕 등과 같이 딱딱하고 단단하다는 느낌을 주는 물체들은 고체 상태에 속해. 고체 상태의 물질은 일정한 온도와 압력에서는 모양과 부피가 변하지 않는다는 특성이 있지. 그래서 여러 가지 모양의 그릇에 담더라도 그 고유의 모양이 변하지 않는단다. 반면 물, 주스와 같은 액체 상태는 눈에 보이기는 하지만 흐르는 성질이 있어. 그래서 담는 그릇의 모양에 따라 그 모양이 달라지지. 기체는 어떨까? 기체 또한 고체나 액체처럼 일정한 공간을 차지해. 하지만 대부분의 기체는 우리 눈에 보이지는 않아. 대신 담는 용기에 따라 모양이 변하고, 그 공간을 가득 채우기 때문에 풍선이나 고무보트 속에 기체가 가득 들어 있음을 알 수 있지. 이런 물질의 상태 변화는 온도와 압력에 따라 물질을 이루는 입자들의 배열이 달라지기 때문에 생겨나는 거야.

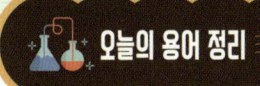
오늘의 용어 정리

젤리는 고체일까, 액체일까?

 젤리는 고체처럼 단단하지도, 액체처럼 흐르지도 않아. 고체도 아니고 액체도 아닌 듯한 이 반고체 상태를 일컫는 용어가 있어. 바로 '겔(gel) 상태'라는 거야. 이 겔 상태 역시 젤리를 구성하고 있는 입자들의 배열에 그 비밀이 숨겨져 있지.

 젤리를 만드는 데 꼭 필요한 성분 중에 하나는 젤라틴이라는 단백질이야. 이 젤라틴은 포유동물의 뼈나 가죽을 구성하고 있는 콜라겐이라는 성분으로부터 추출돼. 특이하게도 젤라틴은 상온에서 입자들이 3차원 그물 구조로 얽히게 배열이 되는데, 그 구조가 너무 단단하지도 너무 무르지도 않아. 또, 그렇게 생기는 그물 안에 물 분자들이 채워져 탄력을 주기도 하는 거야. 그래서 젤리 특유의 쫀득쫀득한 재미있는 식감이 완성돼.

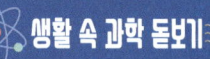 생활 속 과학 돋보기

겔 상태를 만드는 그물 구조

겔 상태는 입자들이 그물 구조로 엮이기 때문에 만들어져. 그런데 이런 그물 구조를 만들 수 있는 건 젤라틴뿐만이 아니야. 감귤이나 사과 등에서 추출하는 '펙틴', 해조류의 일종인 우뭇가사리에서 추출한 '한천', 도토리에서 추출한 '녹말' 등의 식물성 원료도 있어.

요리사들은 각각의 성분들이 미묘하게 다른 식감을 내기 때문에 어떤 음식을 만드느냐에 따라 서로 다른 원료를 사용한대. 가장 쫄깃한 식감을 내는 '펙틴'은 주로 탱탱한 식감을 자랑하는 젤리를 만드는 데 사용이 되고, 젤리보다 좀 더 흐물흐물한 푸딩과 같은 식감에는 '젤라틴'이 사용돼. 양갱과 같이 부드러운 식감을 내려면 '한천'을 사용하고 말이야. 이렇게 식감에 따른 재료를 알았으니 소비자들의 입맛을 사로잡는 요리사가 되는 건 시간문제겠지?

생활 속에서 유용하게 쓰이는 겔

우리 생활 속에서 겔은 무궁무진하게 활약하고 있어. 가장 가까운 우리 몸에서부터 찾아보자. 동식물을 이루는 가장 작은 단위를 '세포'라고 하는데 이 세포 속에는 생명 활동이 일어나고 있는 '원형질'이라는 부분이 있어. 이 원형질도 바로 겔 상태라는 거 알고 있니? 우리의 몸도 겔 상태의 집합체라고 할 수 있어.

다양한 생활용품에서도 겔 상태를 찾아볼 수 있단다. 어렸을 적에 가지고 놀았던 탱탱볼, 일명 얌체공을 기억하니? 맞아! 땅에 툭 하고 던지면 내 키보다도 높이 튀어 오르던 그 공 말이야. 그 공도 겔 상태를 이용한 장난감이야. 탱탱볼을 만들 때는 붕사와 PVA 가루를 섞게 되는데 그 과정에서 사슬 구조가 생기게 되고 그 상태로 식으면서 탄성이 생기게 되는 거지.

참! 상처가 났을 때, 새살을 돋게 도움을 주는 습윤 밴드도 겔 상태라고 할 수 있어. 의약품에 젤라틴 혹은 펙틴 성분을 섞어 겔 상태로 만들면, 적절한 습윤 상태를 유지하여 상처를 보호하고 빨리 세포가 회복되도록 돕는 역할을 하지.

이처럼 우리는 생각보다 자주 겔 상태를 만날 수 있어. 액체와 고체의 장점을 모두 갖고 있는 겔! 참 매력적이지.

양갱이 '양고기 국'이었었다고?

우리나라에도 젤리와 같은 겔 형태의 디저트가 있어. 바로 '양갱'이지. 연양갱이라는 이름으로 불리기도 하는데 그 안에 어떤 재료가 들어가느냐에 따라 녹차 양갱, 팥 양갱, 밤 양갱, 과일 양갱 등 다양한 모습으로 변신이 가능해.

그럼 양갱도 젤라틴으로 만드는 걸까? 첨가되는 물질이 무엇인가에 따라 젤리도 여러 종류로 나뉘어. 펙틴 젤리, 한천 젤리, 젤라틴 젤리, 녹말 젤리 등으로 구분할 수 있는데 그중에서도 양갱은 한천 젤리에 속해. 바닷속 해초의 일종인 우뭇가사리를 끓여 얻어 낸 성분을 말리면 한천 가루가 얻어지는데 그것과 다양한 재료를 섞어 디저트를 만들었던 거지.

신기하게도 양갱의 한자를 살펴보면 양을 나타내는 '양(羊)'과 국을 나타내는 '갱(羹)'으로 표기되어 있는 것을 확인할 수 있어. 한마디로 '양고기 국'이라는 뜻이지. 분명 식물성 재료인 한천으로 양갱을 만든다고 했는데 뜬금없이 웬 양고기 국?

　사실, 지금의 양갱은 양고기 국으로부터 시작되었어. 중국 유목민들이 양고기 국을 끓이고 나서 하얗고 말캉한 덩어리가 생긴다는 것을 알게 되었는데, 그 덩어리를 떡처럼 빚으며 모양을 내서 먹기 시작한 것이 양갱의 원조였던 거야. 그런데 이 음식이 일본으로 전해지면서 한차례의 변화를 겪게 돼. 일본으로 양갱을 들여온 사람은 중국 유학을 마친 일본의 승려였는데, 불교에 귀의하는 승려의 입장에서는 양고기 국으로 만든 양갱을 먹을 수 없었던 거지. 지금도 그렇지만 불교에서는 육식을 금하는 계율이 있어. 그래서 양고기 국이라는 재료를 대신하여 탱글탱글한 식감을 만들어 낼 수 있는 식물성 원료인 한천에 주목하게 된 거지. 이렇게 한차례의 변신을 겪은 양갱은 일본의 차 문화가 발달하면서 차에 곁들이는 다과로 큰 인기를 끌게 돼. 우리나라는 일본에서 양갱이 도입되면서 지금의 모습으로 전래된 거야.

젤리 이야기

🔖 동물을 죽이는 젤라틴은 그만!

젤리를 만들기 위해서는 젤라틴이 꼭 필요해. 그런데 젤라틴이 동물 조직으로부터 얻어지는 것이다 보니 동물들이 많이 희생되지. 그래서 동물 보호 단체들은 점점 커지는 젤라틴 시장에 대한 반대 목소리를 높이고 있어. 게다가 젤라틴을 얻기 위해 동물을 사육하면서 주변 환경도 심하게 오염되고 있고 말이야. 이에 대한 대안으로 미국의 한 스타트업 회사는 미생물을 이용하여 젤라틴을 제조하는 기술을 개발했다고 해. 이렇게 만들어진 젤라틴이 동물성 젤라틴과도 품질 면에서 큰 차이가 없다고 해. 앞으로 상용화되는 것도 기대할 수 있겠지?

🔖 젤리와 스트레스의 상관성

음식물을 씹는 활동이 스트레스를 해소하는 데 도움을 주기도 한 대. 씹는 운동을 하는 동안에는 스트레스 호르몬인 '코르티솔' 수치가 낮아져서 불안감을 덜 느낀다고 하는구나. 실제로 최근 젤리 시장 규모가 작년에 비해 세 배 이상 커졌다고 하는데, 그 이유가 현대 사람들의 스트레스 지수와 전혀 무관하지는 않을 것 같아.

젤리를 닮은 해파리

해파리를 영어로 뭐라고 하는지 아는 사람? 해파리는 젤리처럼 탱글탱글하다고 해서 '젤리피쉬(Jelly fish)'라고 불러. 그런데 특이한 것은 미국에서는 '결단력이 없는 사람' 혹은 '체력이 약한 사람'도 'Jelly fish'라고 표현한대. 아무래도 무척추 동물인 해파리가 바닷속을 흐물흐물 다니는 모습이 그런 이미지로 비춰졌나 봐.

'슈퍼 젤리'의 탄생

영국 케임브리지대학 오렌 셔먼 교수팀이 슈퍼 젤리를 탄생시켰어. 슈퍼 젤리는 이름 그대로 자동차에 치이거나 코끼리가 밟아도 원래의 형태로 완전히 복원될 수 있는 젤리 물질을 뜻해. 이 슈퍼 젤리는 80%가 물로 이루어졌음에도 물이 아닌 나머지 20%의 입자 구조 덕분에 이런 성질을 지닐 수 있게 된 거야. 슈퍼 젤리를 개발한 오렌 셔먼 교수에 의하면 젤리 구조는 물풍선처럼 높은 압력을 받으면 터져야 마땅하지만, 슈퍼 젤리 내부에 게스트 분자라는 특수 입자를 첨가하여 입자들의 구조를 변형시켰어. 그래서 높은 압력에서도 그 형태를 유지할 수 있는 거래. 하나의 물질이지만 물렁물렁한 고무와 유리같이 단단한 상태로 변화가 쉬운 거지. 새로운 형태의 젤리 구조 개발로 재료 과학의 또 한 분야가 열렸다고 하니 매우 반가운 소식이야.

두 번째

라면 먼저? 수프 먼저?
봉지 라면

아저씨는 나에게 소 뒷걸음질 치다 쥐 잡는 격으로 문제를 맞혔다고 했다. 하지만 찍는 것도 실력이라는 말도 모르시나? 약간의 운이 보태지기는 했지만 엄연히 내 실력으로 맞춘 거라고. 얼렁뚱땅 맞혔다고 가격 한도를 걸거나 구입 제한 품목을 두는 건 아니겠지? 나는 다음 물건을 고르기 전에 아저씨와 계약 조건을 분명히 해야겠다고 생각했다.

"아저씨, 가격 상관없다고 하셨던 거 잊지 않으셨죠? 이제 와서 딴말 하면 안 돼요."

아저씨는 별 이상한 녀석 다 보겠다는 표정으로 나를 보며 말했다.

"고 녀석! 세상 속고만 살았나, 내가 속일 사람이 없어서 우리 편의점에 온 어린이 고객을 속여 먹겠냐?"

아저씨의 말에 안심이 되었다. 나는 편의점 진열대 사이를 몇 차례나 왔다 갔다 했다. 이 과자 저 과자를 비교하며 어떤 선택이 나에게 최대한의 만족을 줄 것인가에 대해 깊은 고민에 빠져 있던 그 순간, 내 눈에 띈 것은 바로 맵.달.라.면!

컵라면은 친구들이랑 이미 여러 차례 먹어 봤지만 지금 내가 보고 있는 것은 봉지 라면이다. 라면을 진심으로 아끼는 사람 중 한 명으로서 라면의 정석은 봉지 라면이라고 자부하는 바이다. 적당한 물의 양과 온도를 조리자가 직접 조절해야만 궁극의 맛을 낼 수 있는 봉지 라면. 나는 주저하지 않았다. 분명 이상한 문제가 숨어 있겠지만 라면과 관련된 퀴즈라면 어떤 퀴즈라도 자신 있다고! 나는 맵달 라면을 손으로 집어 봉일 아저씨에게 건넸다. 이번에도 아저씨가 맵달 라면의 바코드를 스캔했다.

"삐! 맵달 라면 인식 완료. 끓는점 오름에 따른 미션."

요상한 AI의 안내가 끝나자 아저씨가 물었다.

"자, 그럼 계산은 별풍선으로 하는 거지?"

"물론이지요."

나는 대답과 동시에 라면을 보조 가방 안에 살포시 넣었다.

"참, 아저씨. 내일 정답을 말하러 올게요. 라면을 끓여 놓고 여기 왔다간 라면이 불어터져 버릴 거라구요. 전 꼬들면밖에 안 먹거든요."

"그럼 그래라. 꼬들면을 좋아한다니 이번 퀴즈는 도명이 너한테 딱 맞는 퀴즈일 것 같은데?"

아직은 무슨 말인지 모르겠지만 일단 집에 가서 라면을 까 보면 알겠지. 얼른 집에 가자, 얼른 가.

집으로 돌아온 나는 라면을 끓이기 위한 모든 준비를 마쳤다. 이젠 나도 5학년이나 되었으니 혼자 라면을 끓이는 건 식은 죽 먹기다. 아빠는 내가 끓여 준 라면이 세상에서 제일 맛있다고 하셨다. 보글보글 냄비의 물이 끓자 라면 봉지 입구를 양손으로 힘껏 뜯어냈다. 그러자 그 안에서 튀어나온 라면 수프, 별풍선 퀴즈는 바로 거기에 적혀 있었다.

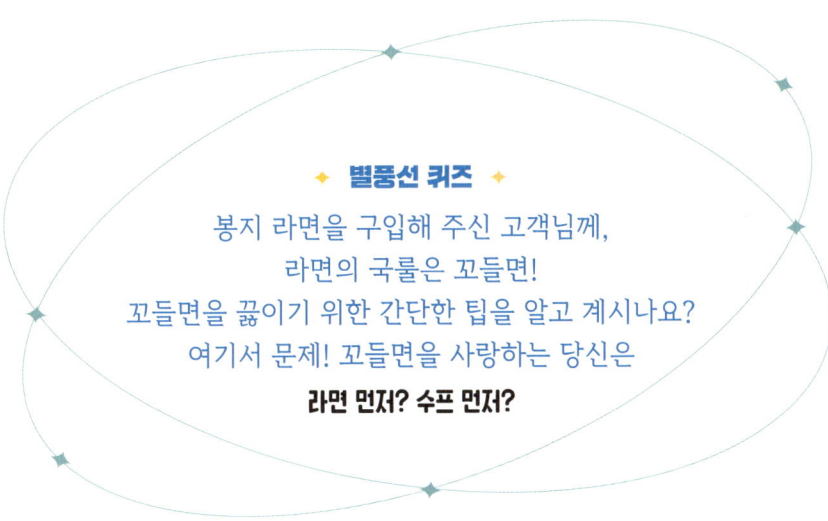

✦ **별풍선 퀴즈** ✦
봉지 라면을 구입해 주신 고객님께,
라면의 국룰은 꼬들면!
꼬들면을 끓이기 위한 간단한 팁을 알고 계시나요?
여기서 문제! 꼬들면을 사랑하는 당신은
라면 먼저? 수프 먼저?

아, 이 고민은 마치 부먹이냐 찍먹이냐, 양념 치킨이냐 프라이드 치킨이냐, 자장이냐 짬뽕이냐를 물을 때와 같은 질문이다. 그리고 지금은 물이 끓고 있잖아. 물이 졸아 들기 전에 얼른 라면을 끓여야 한다고. 나는 지체할 수 없었다. 평소 아빠에게 배운 방법을 그대로 써먹는 수밖에. 아빠에게서 전수받은 방법은 이렇다.

물이 끓으면 수프를 먼저 넣고, 그다음은 건더기 수프. 그러다 물이 다시 끓으면 면을 넣는다. 면을 넣고, 젓가락으로 들었다 올렸다를 몇 번 반복하면 꼬들꼬들 꼬들면이 완성된다. 나는 아빠의 레시피를 믿어 보기로 했다. 경험만큼 중요한 지혜는 없는 법이니까. 나는 잘 익은 김치와 함께 라면을 후후, 불어 먹으며 내일 아저씨에게 '라면은 당연히 수프 먼저!'라고 말해 줘야겠다고 다짐했다. 우아, 근데 이 맵달 라면 누가 끓였는지 맛이 기가 막히다.

다음 날, 나는 학교를 마치고 부리나케 봉일 편의점으로 달려갔다. '땡동' 편의점 문에 달린 종소리가 울렸다.

"도명이 왔냐?"

아저씨는 안 보이고 어디서 아저씨 목소리만 들렸다. 헐. 이 편의점엔 나 외엔 손님이 없나보다. 보지 않아도 나인 걸 알다니. 잠시 후, 아저씨는 벽면에 붙어 있던 창고 문을 열고 나타났다.

"내가 요즘 하고 있는 사업이 바빠서 말이야. 기다리게 해서 미안. 그나저나 도명이 너 별풍선 퀴즈는 풀었니?"

나는 퀴즈가 적혀 있던 라면 수프 봉지를 아저씨에게 내밀며 말했다.

"꼬들면을 만들기 위해서는 수프 먼저 넣어야 해요. 이건 우리 아빠가 군대 시절부터 써 왔던 방법이래요. 그래야 국물이 우러나서 깊은 맛이 난대요. 그걸 제게 전수해 준 거라고요."

아저씨는 내 대답이 흥미롭다는 듯한 표정이었다.

"오호, 경험에 의한 데이터 축적이라! 흥미로운걸?"

"정답은 라면 먼저예요? 수프 먼저예요?"

아저씨는 일부러 뜸을 들이는 듯했다.

"순순히 정답을 말해 줄 순 없어. 사람마다 입맛이 다르긴 하지만 우리는 과학자의 입장에서 생각해 보자고. 일단 기본부터 짚고 넘어가 보자. 너 '물이 끓는다'는 게 어떤 상태인지 아니?"

아저씨가 대뜸 물었다. 아저씨가 질문을 하면 자꾸 나는 생각이란 걸 하게 되니 원. 다행히 이번 질문은 너무 쉽다.

"당연히 알죠. 물에 열을 가했을 때, 보글보글거리며 김이 나는 거요."

아저씨는 또 다른 질문을 이어 갔다.

"그럼 물이 끓고 있는 것과 물이 증발하는 것은 뭐가 다르지?"

헉. 기습 질문이다. 두 개가 다른 거였나? 둘 다 액체 상태에서 기체 상태로 변하는 건 같은 건데. 이번에는 '어디서 본 건 있어요' 전략을 쓰자.

"음, 증발은 그냥 둬도 일어나지만 끓음은 보글보글거려야 하니까 더 높은 열을 줘야 하나요?"

나는 아저씨 눈치를 보며 말했다.

"맞아! 녀석, 학교에서 공부 꽤 했나 본데? 사실, 물의 증발과 끓음은 모두 물이 액체 상태에서 기체 상태로 변한다는 공통점이 있어. 하지만, 결정적인 차이점이 있지. 증발은 물의 표면에서만 일어나는 현상인 것에 비해, 끓음은 물의 표면뿐만이 아니라 물속에서도 동시에 일어나는 현상이지. 아까 네가 말한 '보글보글'은 물속에서 액체 상태인 물이 기체 상태인 수증기로 변하는 과정을 표현한 것일 테고 말이야. 당연히 증발보다는 물의 상태를 더 빠르게 변화시켜 줘야 하는 끓음에 더 많은 열을 공급해 줘야 하는 거고. 오케이?"

아, 언뜻 과학 시간에 선생님께서 설명해 주셨던 내용이 떠오를락 말락 했다. 잠시 생각에 빠져 있는 사이, 아저씨는 또 계산대 밑에서 주섬주섬 실험 도구들을 꺼내기 시작했다. 봉일 아저씨는 여기서 숙식을 해결하고 있는 게 분명하다. 계산대 밑에 보이는 가스버너, 냄비, 국자 등 웬만한 살림 도구들이 그 증거다. 아저씨는 냄비에 물을 담고 가스버너의 불을 켰다. 그리고 온도계를 스탠드에 매달고 수은주의 끝이 물에 살짝 닿을 정도의 높이가 되도록 조절했다. 아저씨는 나를 보며 말했다.

"자, 지금부터 물을 끓여 볼 거야. 도명이 너, 물이 몇 도에서 끓는지 아니?"

나는 아저씨의 질문에 코웃음을 치며 답했다.

"아저씨, 저를 뭘로 보시고. 그건 상식이잖아요. 물은 100℃에서 끓기 시작해요."

"맞아. 물의 끓는점은 100℃야."

"끓기 시작하는 온도를 '끓는점'이라고 하는 거예요?"

아저씨의 말을 끊기는 했지만 아저씨는 나의 질문을 반가워하는 눈치였다.

"그렇지! 한마디로 물질이 액체 상태에서 기체 상태로 변할 때의 온도라고 할 수 있지. 물질마다 끓는점은 모두 달라서 끓는점은 물질의 고유 특징이라고도 할 수 있단다. 그런데 만약, 내가 이 냄비 속에 소금을 넣는다면 냄비 속 물은 몇 도에서 끓을 거 같니? 아, 이건 별풍선 퀴즈가 아니니 편하게 대답해도 된다."

나는 아저씨가 방금 했던 말을 떠올렸다. 끓는점이 물질의 고유 특징이라고 하셨겠다? 그럼 그 특성이 어디 가겠냐 싶었다. 나는 마치 장학퀴즈에 나온 학생 마냥 손을 들고 이름을 외쳤다.

"나도명!"

아저씨는 나를 향해 마이크 대신 국자를 대 주었다.

"소금을 넣더라도 역시나 100℃에서 끓습니다."

뒤이어 들려오는 아저씨의 대답.

"땡! 나도명 학생, 안타깝게도 오답입니다."

"네? 왜요? 소금을 넣어도 물은 물이잖아요."

아저씨는 아무 말 없이 손으로 냄비의 온도계를 가리켰다. 문제를

푸는 사이 냄비 속 소금물이 끓기 시작하고 있었다. 그런데 이게 어찌 된 일이람? 온도계의 온도가 100℃를 넘어 103℃을 아슬아슬하게 지나고 있었다.

"순수한 물을 끓였을 때와는 달리 소금과 같은 물질을 첨가했을 때, 물의 끓는점은 높아지지. 이걸 '끓는점 오름'이라고 한다 이거야."

눈으로 보이는 결과에 나는 승복할 수밖에 없었다.

"그런데 왜 그런 거예요? 소금이 물에 무슨 요술을 부렸나?"

아저씨는 또 강아지 포스기 앞으로 성큼성큼 다가섰다. 버튼을 3초간 꾹 하고 누르자 반대편 벽면에 영상이 하나 떠올랐다.

"소금물 안에서 일어나고 있는 입자들의 운동 모습이야. 물 입자들만 있었다면 도명이 네가 말한 대로 100℃의 열에너지만 주어도 충분히 기체로 변할 수 있었겠지. 그런데 소금 입자들이 물 분자들을 끌어당기며 공기 중으로 날아가려는 물 입자들을 방해하고 있어. 물 입자들은 소금 입자들의 방해를 이겨 내고 기체 상태로 변화시켜야 하니 더 많은 에너지가 필요하지. 그래서 끓는점은 100℃보다 높아지게 되는 거야."

아저씨가 보여 주는 그림을 보자 왜 순수한 물보다 소금물의 끓는점이 더 높아지는지 이해가 되었다. 가만, 이 아저씨, 라면 이야기하다가 왜 갑자기 소금물 이야기까지 한담? 눈치 빠른 나는 아저씨의 의도를 서서히 파악하기 시작했다.

"아저씨, 그럼 저 소금이 라면 수프 역할을 하고 있는 거예요?"

"그래, 이제야 내 의도를 간파했구나! 바로 라면을 끓일 때, 수프부터 넣어야 하는 이유! 끓는점 오름 현상 때문이지. 수프를 먼저 물에 넣어 끓는점을 높여 놓으면 면은 100℃보다 높은 온도에서 익을 수 있어. 그럼 조금이라도 더 빨리 익게 되겠지? 그게 바로 과학자들이 꼬들면을 먹는 비법이라고."

아저씨의 설명을 듣고 나는 만세를 불렀다.

"야호! 그럼 저 이번에도 문제 맞힌 거네요? 제가 수프 먼저라고 했잖아요."

아저씨는 흐뭇한 미소를 지으며 고개를 끄덕였다.

"그래, 이번에도 별풍선을 하나 얻었구나. 축하한다."

그런데 잠시만, 어디서 타는 냄새가 나는 것 같은데? 나는 코를 벌렁거리며 주위를 두리번거렸다.

"어, 어? 아저씨 냄비 타요!"

아저씨의 눈이 저렇게 커질 수 있다니. 아저씨는 가스버너의 불을 끄고 안도의 한숨을 내쉬었다.

"휴, 하마터면 큰일 날 뻔했네."

저번에도 느낀 거지만 이 아저씨 뭔가 허술해도 한참 허술하다니깐.

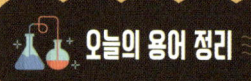

순물질과 혼합물

우리 주변에는 순수한 물처럼 한 가지 종류로만 이루어진 물질이 있는 반면, 소금물처럼 물질이 두 가지 이상 섞이게 되는 경우도 있어. 물, 소금, 철, 다이아몬드, 설탕, 이산화탄소 등처럼 다른 물질과 섞이지 않고 한 가지 물질로만 이루어진 물질을 '순물질'이라고 해. 이 순물질들은 끓는점, 녹는점 등으로 대표되는 물질의 특성이 항상 일정하게 나타나지. 그런데 이런 순물질들이 서로 섞이면 어떻게 될까? 예를 들어, 소금과 물이 섞인 소금물, 질소와 산소와 이산화탄소 등이 섞여 있는 공기, 아세트산과 물이 섞여 있는 식초 같은 물질들 말이야. 이렇게 순물질을 섞어 만들어진 물질을 '혼합물'이라고 불러. 이런 경우에는 섞여 있는 각각의 성분 물질들의 성질이 그대로 남아 있지만 끓는점, 녹는점 등은 일정하지 않고 무엇과 무엇이 섞여 있고, 얼마의 비율로 섞여 있느냐에 따라 달라지게 되지.

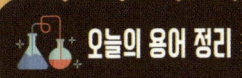

혼합물의 끓는점 오름

액체 상태의 물 입자가 기체 상태로 변하려면 물 입자들끼리 서로 잡아당기고 있는 힘을 끊어 내야 해. 그래야 공기 중으로 자유롭게 날아갈 수 있겠지? 순수한 물의 경우에는 100℃ 정도의 열에너지면 물 입자들 사이의 인력을 끊고 기체 상태로 전환될 수 있어. 그 지점을 우리는 '끓는점'이라고 부르고 말이지. 그런데 여기에 소금을 넣으면 어떻게 될까? 일단 물속에서는 소금이 물 입자를 잡아당겨서 물이 날아가서 증발하는 걸 방해해. 또 소금 입자들이 공기 중으로 날아가려는 물 입자의 길을 막으면서 의도치 않게 진로 방해를 하기도 하지. 그래서 물 입자들은 기체 상태로 변해서 냄비 밖으로 나가기 위해 더 큰 힘을 필요로 하게 되는 거야. 물 분자들 입장에선 소금 입자, 즉 수프가 들어와서 상태 변화를 방해해 버린 격이지만 라면을 먹는 우리 입장에서는 덕분에 끓는점이 높아졌으니 더 높은 온도에서 면을 단시간에 삶아 낼 수 있는 기회가 생기는 셈이지.

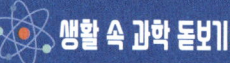

끓는점을 변화시키는 또 다른 열쇠, 기압

순물질에 소금이나 설탕을 넣지 않아도 끓는점을 높일 수 있는 방법이 있어. '순수한 물의 끓는점은 100℃'라고 말할 수 있었던 건 '1기압'이라는 전제 조건이 있었을 때 해당되는 말이야. '기압'은 말 그대로 공기가 우리를 누르고 있는 힘(압력)을 뜻해. 공기는 눈에 보이지는 않지만 무게가 있지. 지구 해수면 근처에서 측정한 기압을 우리는 '1기압'으로 약속했는데 아주 높은 산으로 올라가는 경우에는 공기가 희박해져서 1기압보다 줄어드는 현상이 발생하지. 반대로 어떤 물체에 무거운 것을 올려놓으면 1기압보다 누르는 힘이 커지니까 그 물체가 받는 압력은 1기압보다 커져.

물의 끓는점도 기압의 영향을 받아. 1기압에서는 100℃에서 물이 끓다가 1기압보다 낮은 기압의 조건으로 이동하면, 공기가 누르는 힘이 약해지면서 밖으로 나가려는 물 분자들의 탈출이 더 쉬워져. 1기압보다 높은 압력으로 누르면 그 기압을 뚫고 탈출해야 하니, 끓는점이 더 높아지고 말이야.

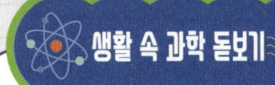

끓는점 오름으로 맛있는 요리를!

요리사들은 끓는점을 이용해서 맛있는 요리를 해. 시금치나 브로콜리 같은 채소를 삶을 때는 시간이 중요하지. 단시간에 데쳐 영양소를 파괴하지 않으면서도 아삭한 식감을 살려 내는 건 나물 요리의 포인트야. 그때, 사용하는 방법이 바로 채소를 넣기 전에 소금 한 꼬집을 먼저 물에 풀어 끓인다는 거야. 끓는점을 그만큼 높여 단시간에 채소를 익혀 영양소와 식감을 살릴 수 있거든. 소금의 성분이 시금치와 브로콜리의 초록빛을 더 돋보이게 해 주는 것은 덤이고 말이야.

또 한 가지는 우리 조상들이 전통적으로 써 오던 방법이기도 해. 바로 가마솥! 혹시 가마솥 뚜껑을 들어 본 적 있어? 없다면 집에 있는 압력밥솥 뚜껑도 괜찮아. 아마 들었을 때, 일반 냄비 뚜껑보다는 훨씬 무겁다는 걸 알 수 있을 거야. 이건 압력을 높여 끓는점 오름을 유도한 방법이야. 그냥 물에 쌀을 넣고 밥을 짓는 경우보다 무거운 뚜껑을 올려 두고 쌀과 물이 받는 기압을 높여 주면 당연히 끓는점도 그만큼 높아지겠지? 높은 끓는점에서 쌀알들은 속까지 잘 익게 될 테고 말이야. 주변을 살펴보면 이렇게 끓는점 오름은 요리와는 떼려야 뗄 수 없는 관계야.

우리가 쓰는 섭씨(℃)온도, 어떻게 만들어졌을까?

　우리나라에서는 온도의 단위로 섭씨(℃)를 사용해. 그런데 모든 나라가 섭씨(℃)온도를 사용하고 있는 것은 아니야. 미국이나 유럽 일부 국가에서는 우리와는 달리 화씨(℉)온도를 사용하고 있지.

　먼저 세상에 등장한 온도 체계는 바로 화씨온도야. 화씨온도는 독일의 물리학자 파렌하이트가 1기압에서 소금물이 어는점을 0℉, 사람의 체온을 100℉로 정한 것으로부터 시작되었지. 하지만 현재는 그 기준을 달리해서 물의 어는점을 32℉로, 끓는점을 212℉로 정한 뒤, 그 사이를 180등분해서 사용하고 있어.

　반면, 섭씨온도는 스웨덴의 물리학자인 셀시우스가 그 기준을 달리하여 만든 온도 측정 체계이지. 셀시우스는 1기압의 조건에서 물이 얼음으로 변하는 온도를 0℃로 정하고, 물이 끓는 온도를 100℃로 정한 뒤, 그 사이를 100등분하는 방법을 사용했어. 그러니까 우리가 물의 끓는점이 딱 100℃가 되는 이유도 애초에 물이 끓기 시작하는 온도가 그 기준이 되었기 때문이지.

　참, 섭씨온도라는 말은 셀시우스의 이름에서 따온 말인데 중국인들이 셀시우스를 한자로 표현할 때 '섭이수사(攝爾修斯)'라고 쓴대. 즉, 섭씨온도라는 말은 '섭씨가 만든 온도'라는 뜻에서 유래된 말인 거지.

라면 이야기

라면 포장지가 대부분 붉은색인 이유

마트나 편의점의 라면 코너는 주로 빨간색, 주황색, 노란색 등의 강렬한 색상들로 채워져 있어. 약속을 한 것도 아닌데 식품 회사들은 라면 봉지를 왜 대부분 붉은색으로 만들었을까? 이건 빨간색이 우리 눈에 가장 자극적이고 강한 인상을 남기기 때문이야. 게다가 얼큰하고 뜨끈한 라면을 연상시키기에 가장 좋은 색이기 때문이지. 이렇게 특정한 색채를 제품에 활용하여 영업 이익을 높이는 것을 색채 마케팅이라고 해. 빨간색은 아니지만 여름철 자주 먹는 비빔 라면은 푸른색을 사용해서 여름철 냉면의 시원함을 연상시키고, 자장 라면의 검은 봉지는 진짜 자장면을 떠올리게 하지. 이것도 색채 마케팅의 일종이야.

라면 면발은 왜 노란색일까?

라면을 좋아하는 사람이라면 떠올려 보기만 해도 알 거야. 국수와 라면의 색깔이 다르다는 걸 말이야. 둘 다 밀가루로 만드는 면인데 왜 국수 면은 하얀색이고 라면의 면은 노란색을 띨까?

그건 밀가루 속에 있는 플라보노이드라는 황색 계열의 색소 성분이 알칼리성의 첨가제와 만났기 때문에 그래. 알칼리성의 첨가제가 뭐냐고? 라면의 면을 더 쫄깃쫄깃하고 탄력 있게 만들어 주는 첨가제의 일종이야. 우동이나 국수보다 라면 면이 더 쫄깃하게 느껴지는 것도 바로 이 첨가제를 넣었기 때문이지. 게다가 라면의 영양 성분을 높이기 위해 식품 회사에서는 비타민B2 성분을 첨가하기도 하는데, 이 성분 또한 라면을 노랗게 만드는 역할을 하기도 해.

봉지 라면의 면을 쭉 이어 보면 길이가 얼마나 될까?

라면의 면은 밀가루와 녹말 그리고 물을 섞어 만들어. 그런데 우리가 마트에서 보는 국수나 파스타 면과는 달리 라면의 면은 꼬불꼬불한 모습을 하고 있지. 그 이유는 뭘까? 라면 면이 꼬불꼬불한 이유는 크게 두 가지야. 하나는 정해진 면적의 포장지 안에 더 많은 면발을 담을 수 있다는 점과 또 하나는 운반 과정에서 꼬불꼬불한 면발이 직선 면발보다 덜 부서지기 때문이지.

   라면 한 봉지에는 꼬불꼬불한 면이 약 100여 가닥 들어가 있대. 여기서 한 가닥의 라면 면발을 늘여 길이를 재 보면 거의 40㎝ 정도라고 하니 얼추 계산해 보아도 봉지 라면의 면을 모두 이어 길이를 재 보면 약 40m가 되겠지? 40m면 일반 아파트 13층 높이와 맞먹는 길이라고 하니 우리가 한 번 라면을 끓여 먹을 때, 얼마나 긴 면발을 먹는지 짐작이 되니?

세 번째

라면 국물에는
찬밥? 더운밥?
즉석밥

봉일 아저씨는 한쪽 구석에서 실험으로 까맣게 탄 냄비를 수세미로 박박 씻었다. 바싹 말라 가녀린 아저씨의 몸이 들썩거릴 때마다 저러다 팔이 부러지는 건 아닐까 걱정스러웠다. 하지만 아저씨는 가지고 있는 유일한 냄비를 이렇게 보낼 수는 없다며 있는 힘을 다해 설거지를 했다.

더 이상 개수대에서 까만 물이 보이지 않을 즈음, 아저씨는 이마의 땀을 닦으며 뿌듯한 표정과 함께 돌아섰다. 딱 그 타이밍에 맞춰 아저씨 배에서 들리는 '꼬르륵' 소리. 나와 아저씨는 동시에 아저씨의 배를 쳐다보았다.

"아까 내가 설명을 너무 열심히 했나? 왜 이렇게 허기가 지지? 컵라면 하나 먹으면 딱이겠네. 안 그래도 라면 설명하면서 침이 꼴깍꼴깍 넘어가긴 했거든."

어쩜. 나와 똑같은 생각을 하셨을까? 나는 얼른 아저씨의 말에 맞장구 쳤다.

"저도 배가 좀 고프긴 했어요. 세 네 시 정도면 딱 간식 먹기 좋을 타이밍이긴 하잖아요? 하하."

아저씨는 옳다구나 싶었는지 나에게 같이 컵라면을 먹자고 제안했다. 혼밥은 이제 질려서 생각도 하기 싫다며 말이다. 게다가 아까 냄비가 타서 불이 날 뻔했던 편의점을 구해 준 은인이니 이번 컵라면은 아저씨가 쏜다고 했다. 아이참, 뭘 또 그렇게까지. 하지만 아저씨의 성의를 무시할 순 없잖아? 나는 못 이기는 척하며 나의 사랑 맵달 라면을 찾아 들고 왔다. 아저씨가 물을 따르기 편하게 뚜껑까지 잘 따 놓고 대령했다. 아저씨도 내가 먹는 맵달 라면 맛이 궁금했었던 모양이다. 나랑 똑같은 걸로 하나 더 갖다 달라는 것을 보면 말이다.

"아저씨! 절대 후회 없는 선택일 거예요."

몇 분 지나지도 않은 것 같은데, 컵라면이 벌써 다 익었다. 역시, 컵라면은 바쁜 현대 사회에 딱 어울리는 음식이야. 나는 나무젓가락에 면을 돌돌 감았다. 내가 라면을 먹을 때 사용하는 기법이다. 이렇게 하면 아까운 국물이 튀기지 않는다. 남은 국물은 밥을 위해 최대한 남겨 두어야 하기 때문이다. 한 방울의 국물도 튀기지 않고 세 젓가락째 면을 우물거리고 있을 즈음, 나는 깜짝 놀랐다. 봉일 아저씨는 이미 마지막 젓가락질을 마치고 아무 건더기도 남아 있지 않은 국물의 바닷속을 젓가락으로 휘휘 젓고 있는 것이 아닌가. 세상에! 저 아저씨 혹시 먹방 유튜버 아냐?

　게 눈 감추듯 컵라면 하나를 해치운 아저씨는 뭔가 많이 아쉬운 표정이었다. 그럼 그렇지. 젓가락만 빨고 있던 아저씨는 드디어 몸을 일으켜 진열대에 놓여 있던 즉석밥을 하나 가져왔다. 역시! 저 아저씨 뭘 좀 아시네. 맵달 라면의 매력은 밥을 부르는 국물! 보면 볼수록 이 아저씨 나랑 취향이 겹치는 부분이 많다. 아저씨 합격! 그런데 뭔가 이상하다.

"아저씨, 왜 밥은 하나만 가져 오시는 거예요? 설마 아저씨만?"

나는 눈을 동그랗게 뜨고 아저씨를 쳐다봤다. 아저씨는 내 마음이라도 읽었는지 나를 쳐다보며 말했다.

"고객님! 서비스는 컵라면까지입니다. 즉석밥 구입을 원하시면 가지고 있는 별풍선을 사용하세요."

흥! 치사하다, 치사해. 내가 그럼 포기할 줄 알고? 나는 라면 국물을 한 번 쭉 들이킨 뒤, 아저씨에게 말했다.

"할게요. 별풍선 결제."

나는 성큼성큼 진열대로 걸어가서 즉석밥 중에서도 가장 용량이 많이 들어 있는 상품을 골랐다. 내가 공부는 포기해도 먹는 것은 절대 포기할 수 없단 말이지. 아저씨는 내가 들고 온 즉석밥 바코드를 스캔했다.

"삐- 즉석밥 스캔 완료. 삼투압 현상에 따른 미션."

삼투압이라고? 삼투압이 뭐지? 나는 처음 듣는 단어에 두 귀가 쫑긋 섰다. 하지만 지금 삼투압이고 뭐고 생각할 때가 아니다. 라면 국물이 식기 전에 얼른 밥을 말아야 한다고! 나는 전자레인지 앞으로 가 즉석밥 뚜껑의 비닐 포장지를 반쯤 벗겨 내었다. 그런데 투명해야 할 뚜껑이 새까만 글씨로 가득했다. 내가 이럴 줄 알았어. 포장지의 안쪽에는 별풍선 퀴즈가 적혀 있었다.

◆ 별풍선 퀴즈 ◆

즉석밥을 애용해 주시는 고객님께,
지금 라면 국물에 밥 말아 드시려고
급하게 절 찾고 있다는 거 다 압니다.
하지만 급할수록 돌아가라는 옛 말이 있죠.
라면 국물과 가장 어울리는 밥의 상태를 찾기 위한 문제!

**라면 국물에는 찬밥을 말아야 할까요?
더운밥을 말아야 할까요?**

급할수록 돌아가라고? 급하면 서둘러야지 돌아가기는 왜 돌아가? 하지만 이번 퀴즈를 맞춰야 다음 간식이 공짜. 나는 머리를 굴리기 시작했다. 찬밥을 말아야 하나, 더운 밥을 말아야 하나. 그때, 나는 우리 할머니께서 엄마에게 잔소리처럼 하셨던 말이 떠올랐다.

'어멈아, 한국 사람은 밥심으로 사는 기다. 밖에서 새빠지게 일하고 온 사람한테 찬밥 먹이면 되겠나? 핵교에서 새빠지게 공부하고 온 자슥한테 찬밥 먹이면 되겠나? 아범이랑 도맹이한테는 다른 건 몰라도 꼭 뜨신 밥 먹여야 한데이.'

엄마의 궁시렁거리는 소리도 함께 들리는 듯했지만 지금 중요한 건 그게 아니다. 할머니의 뜨신 밥! 그래, 누가 일부러 찬밥을 만들어 먹겠어? 그리고 찬밥은 딱딱해서 먹기도 불편하단 말이지. 나는 손을 번쩍 들고 정답을 외쳤다.

"봉일 아저씨! 정답은 뜨신 밥, 아니, 더운밥이에요."

아니, 이게 웬일? 나의 자신만만한 대답이 민망할 정도로 아저씨는 매우 무미건조하게 한 단어로 답했다.

"땡!"

말도 안 돼. 그럼 정답이 찬밥이라고? 나는 인정할 수 없었다.

"아저씨! 말도 안 돼요. 라면 국물에 굳이 찬밥을 말아야 하는 이유가 뭔데요?"

봉일 아저씨는 이 질문을 기다렸다는 듯이 나에게 즉석밥 두 개를 내밀었다.

"자, 하나는 데우지 않은 즉석밥이고, 하나는 방금 데운 즉석밥이야. 일단 한번 먹어 보고 맛을 비교해 봐. 지난번에 보니까 먹는 것에는 도명이 네가 일가견이 있더라고."

나는 시식을 하기 전에 아저씨에게 물었다.

"아저씨, 데우지 않은 즉석밥은 거의 생쌀 아니에요? 그런 걸 먹어 보라고 하면 어떻게 해요?"

어린이에게 생쌀을 먹이다니. 내 치아 건강을 위해 생쌀을 씹을 순 없었다. 하지만 아저씨는 내 질문에도 아랑곳하지 않고 계속해서 데우지 않은 즉석밥을 권하며 말했다.

"일단 먹어 보렴. 생쌀인지 아닌지는 너의 그 뛰어난 미각이 판가름해 줄 테니 말이야."

나는 나무젓가락으로 개미 눈물만 하게 밥알을 떼어 입속에 넣었다. 아저씨 말만 믿고 와그작 씹었다간 나만 손해일 테니까 말이다. 생각보다 데우지 않은 즉석밥이 잘 씹혔다. 정확히 말하면 그냥 찬밥 정도의 식감이라고나 할까?

"어? 생쌀이 아닌가?"

나는 즉석밥을 숟가락으로 한 움큼 퍼서 입속에 넣어 보았다. 내가 생쌀을 먹어 본 적은 없지만 생쌀보다는 훨씬 잘 씹힌다는 건 알 수 있었다. 그런 나를 보며 아저씨가 즉석밥에 대해 설명해 주었다.

"즉석밥은 이미 100% 조리가 되어 나온 상태야. 전자레인지에 데우거나 끓는 물에 넣고 끓이지 않아도 먹을 수는 있지. 찬밥을 먹는 거랑 비슷해."

여기서 떠오른 질문 하나!

"아닌 거 같은데? 아저씨, 100%까지는 아닌 거 같아요. 즉석밥을 그냥 먹으면 데운 밥보다는 딱딱하고 밥맛이 떨어지잖아요. 뭔가 부족하다고요."

나의 예리한 관찰에 깜짝 놀랐겠지? 100%라는 말은 아무 곳에나 쓰는 말이 아니거든요.

"그건, 쌀을 구성하고 있는 녹말의 성질 때문이야. 쌀을 확대해 보면 녹말 입자들이 아주 치밀하게 얽혀 있는 것을 볼 수 있지. 아주 강하게 얽혀 있어서 다른 입자들은 들어오지도 못해. 이 상태를 '베타 녹말'이라고 해. 그런데 이 쌀에 열과 물을 가해 주면 녹말 입자의 얽혀 있던 구조가 약해지면서 그 사이로 물 입자가 침투하지. '알파 녹말'이 탄생하게 되는 거야. 바로 이렇게."

아저씨는 강아지 포스기의 버튼을 눌러 생쌀과 갓 지은 밥을 확대해 보여 줬다. 아저씨는 계속해서 설명을 이어 나갔다.

"이렇게 베타 녹말 상태에서 알파 녹말 상태로 바뀌는 과정을 '호화 현상'이라고 한단다. 우리가 먹는 갓 지은 밥은 바로 호화 과정을 거쳐 그 부드러움과 촉촉함을 갖추게 된 거야. 반대로 아무리 실력 좋은 요리사가 밥을 기가 막히게 지어 놓아도 시간이 지나면 밥맛이 떨어지게 되지. 쌀 안에 있던 수분이 빠져나갔기 때문이야. 그걸 '노화 현상'이라고 해."

"시간이 지나서 녹말도 늙는 거네요?"

내 질문에 아저씨가 웃음을 터트리며 말했다.

"그렇게 생각할 수도 있겠네. 사람도 늙으면 어렸을 때의 탱탱한 피부가 쪼글쪼글 변해 버리니까 말이야. 사람도 그렇고 녹말도 그렇고 시간에는 속수무책일 수밖에 없나 보다."

그럼 아직 어린이인 나는 알파 녹말 상태인 건가? 내가 엉뚱한 생각에 빠져 있는 사이 아저씨는 내 라면 국물에 데우지 않은 즉석밥을 한 숟갈 퍼서 담아 놓았다. 그러고는 숟가락을 건네주며 맛을 보라고 했다. 조금 미심쩍기는 했지만 라면 국물에 찬밥을 만 것과 다름없다는 아저씨의 말을 믿어 보기로 했다.

오옷! 생각보다 맛이 괜찮았다.

"아저씨, 생각보다 괜찮은데요? 밥도 그냥 먹었을 때보다 더 부드러워진 것 같고, 라면 국물도 밥알에 잘 배어 들어간 것 같아요."

나는 국물에 말아 놓은 찬밥을 한 숟가락으로 뚝딱 해치웠다. 아저씨는 남은 국물에 갓 데운 즉석밥을 한 숟가락 리필해 주었다. 확연한 차이가 느껴질 거라면서.

방금 말아 먹었던 찬밥이 인상적이어서 그런 걸까? 왠지 더운밥을 말았을 때는 생각보다 맛이 덜한 것 같았다.

"이상하다? 찬밥을 말았을 때는 간이 딱 맞았었는데, 더운밥을

말았을 때는 국물이 좀 더 싱거워진 느낌이에요. 밥알과 국물이 따로 논다고나 할까?"

"이야, 너 미각 하나는 타고났구나. 도명이 네 말대로야. 호화현상이 진행되어 이미 수분을 잔뜩 품고 있는 갓 지은 더운밥은 라면 국물에 들어갔을 때, 오히려 자신의 수분을 내놓게 되지. 그래서 더운밥을 말면 왠지 모르게 밥이 국물과 따로 노는 것 같으면서 싱겁게 느껴지는 거야. 하지만 노화 현상이 진행되어 이미 수분이 빠져 버린 찬밥은 그 반대이지. 찬밥을 라면 국물에 넣으면 물 만난 고기가 따로 없단다. 라면 국물을 쑥쑥 흡수해서 노화되었던 밥알은 다시 부드러워지고 그 탱탱함을 회복하게 돼. 라면 국물과 혼연일체가 된다고나 할까?"

아, 기가 막히다. 찬밥과 라면 국물의 혼연일체라니. 나는 '라면에는 찬밥'이라는 답을 인정할 수 밖에 없었다. 별풍선을 얻지 못해 많이 아쉽긴 했지만 그건 그거고.

"아저씨, 저 즉석밥 더 안 드실 거면 제가 먹어도 되는 거죠?"

오늘의 용어 정리

쌀은 어떻게 밥이 될까? : 녹말의 호화 과정

우리 주변에는 녹말로 이루어진 식품들이 많이 있어. 한국인의 주식인 밥을 비롯해서 기호 식품인 빵과 떡 그리고 감자, 고구마 등도 있지. 이렇게 녹말로 이루어진 식품들 대부분 호화 과정을 통해 더 맛있어지고 부드러운 식감을 갖게 돼.

대표적인 호화 현상의 예로 밥 짓는 과정을 살펴보자. 처음에는 초기 상태인 생쌀(베타 녹말)만 있었을 거야. 이 상태는 녹말 조직이 서로 치밀하게 얽혀 있어서 씹기도 불편하고 소화도 잘 되지 않아. 그런데 여기에 열과 수분을 가하면 이야기가 달라지지. 열에너지와 충분한 수분으로 그 단단하던 사슬이 풀어지고 그때를 틈타 녹말 사이로 침투한 수분이 부드럽고 촉촉한 밥(알파 녹말)을 만들어 내는 거지. 이런 과정은 밀가루로 빵을 만들거나, 쌀가루로 떡을 만들 때, 간단하게는 감자나 고구마를 찔 때도 일어나는 과정이야.

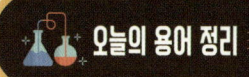

더운밥에서 찬밥으로 : 녹말의 노화 과정

김이 모락모락 올라오는 밥은 생각만 해도 군침이 돌지. 갓 지은 밥은 맛도 좋고 식감도 좋다는 걸 모두가 경험해 봐서 알고 있을 거야. 더운밥을 그대로 두면 서서히 노화 과정이 진행되기 시작해. 녹말 사슬 사이를 채우고 있던 물 입자가 빠져나가면서 밥알 전체의 부피가 줄어들게 되고 딱딱해지게 되는 거지. 그게 바로 녹말의 노화 과정이야. 노화되었다고 너무 안타까워할 필요 없어. 즉석밥을 냄비에 넣고 끓이거나 전자레인지에 돌리면 다시 부드럽고 촉촉해지는 것처럼 열과 수분을 가해 주면 탱탱했던 알파 녹말의 모습을 되찾게 되니까 말이야. 즉, 쉽게 재호화될 수 있는 거지. 그래서 뜨끈한 라면 국물에 찬밥을 말았을 때, 밥알은 열과 수분을 흡수해 알파 전분이었던 다시 맛있었던 때로 돌아갈 수 있지.

노화 과정을 늦춰라!

노화 과정은 실온보다는 냉장 온도인 0°~5℃에서 더욱 잘 일어나. 그래서 편의점에서도 즉석밥을 실온 진열대에 놓고 파는 거지. 이미 조리된 밥이라고 상할 수 있을 것 같다는 노파심에 냉장고에 보관하면 실온에서 보관했을 때보다 노화 과정이 더 빨리 진행되어 밥이 딱딱하고 맛이 없어질지도 몰라. 혹은 전자레인지에 데워야 하는 시간이 많이 늘어날 수도 있고 말이야.

생활의 지혜로 무장한 엄마들은 이미 경험으로 노화 과정 원리를 다 꿰뚫고 있으실 거야. 먹다 남은 떡을 냉장실에 넣지 않고 냉동실에 넣어 두는 이유가 바로 이것 때문이라지? 냉장실 온도가 오히려 노화 과정을 촉진시키기 때문에 오래 보관해야 하는 식품은 잘 밀봉해서 냉동실로 보내는 거지. 냉동실 온도는 영하18℃~20℃ 정도로 낮아서 떡이나 밥 안에 있던 수분이 노화 과정으로 빠져나가기 전에 얼어붙게 하여 최대한 식품의 수분을 붙들어 놓을 수 있는 거란다.

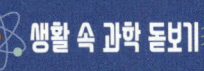

노화 과정을 활용한 식품

전분으로 된 식품이 노화 과정을 거치면 수분이 빠져나가기 때문에 식품의 맛이 떨어지고 딱딱해져서 소화도 잘 되지 않는다는 단점이 있어. 하지만 수분이 없기 때문에 미생물의 번식이 어려워 보관 기간을 늘릴 수 있고, 부피가 거의 반으로 줄어든다는 장점도 있지. 즉, 식품 가공과 유통 과정에서 노화 과정을 유용하게 쓸 수 있다는 뜻이야.

실제로 우리 생활 속에서 자주 접하는 식품에는 어떤 것들이 있을까? 쌀로 만든 쌀국수 면과 라이스페이퍼, 고구마 녹말로 만든 당면, 밥을 하고 난 뒤에 고소하게 눌어붙은 누룽지도 있지. 여기서 라이스페이퍼가 만들어지는 과정을 살펴보자. 제일 먼저 쌀을 가늘게 분쇄하여 고운 쌀가루를 만들어. 이 쌀가루에 적당한 양의 물을 넣고 섞으면 걸쭉한 반죽이 완성되지. 이 쌀 반죽을 김이 모락모락 나는 찜통 위의 천에 얇게 펴 발라 뚜껑을 덮고 익히는 거야. 금세 익은 라이스페이퍼는 대나무 틀로 옮겨져 완전히 수분이 제거될 때까지 건조되는 거지. 이렇게 만들어진 라이스페이퍼는 잘 상하지도 않고 가벼운 데다가 따뜻한 물에 넣으면 바로 재호화되는 특성 때문에 베트남 전쟁 당시에 군인들의 중요한 식량으로 사용되기도 했대. 언제 어디로 갈지 모르는 군인들에게는 영양을 공급하면서도 휴대가 편리한 식품이 꼭 필요했을 테니까 말이야.

언제부터 밥을 먹었을까?

'한국인은 밥심이다.'라는 말이 있는 걸 보면 우리 민족은 쌀과는 떼려야 뗄 수 없는 운명인 듯해. 아무리 밀가루의 소비가 늘었다고는 하지만 아직도 한국인의 주식이 쌀인 것은 두말할 나위 없지. 우리 민족이 본격적으로 농사를 지으며 벼를 재배한 것은 언제부터였을까?

가와지볍씨
(출처:ⓒ고양가와지볍씨박물관)

사실 얼마 전까지만 해도 대부분 사람들은 우리나라 쌀농사의 시작은 청동기 시대부터라고 알고 있었어. 하지만, 1991년 경기도 고양시에서 볍씨 열두 톨이 발견되고 나서 우리나라 쌀농사의 기원은 신석기 시대로 거슬러 올라가게 되었지.

볍씨가 발견되게 된 과정은 이러했대. 정부에서 서울로 점점 늘어나는 인구를 수용하기 위해 서울 외곽인 분당, 일산, 평촌 등의 지역에 신도시를 개발한다는 계획을 세우게 돼. 당연히 일산에서도 아파트를 짓기 위해 대규모의 땅을 파헤치고 갈아엎던 중이었지. 그런데 그 소문을 들은 몇몇 학자들이 해당 지역은 오랫동안 큰 개발 없이 지나왔던 땅이기에 뭔가 대단한 발견이 나올 수도 있다고 예상했어. 실제로 몇 주간의 집중적인 발굴 작업 끝에 발굴팀은 나무통 하나를 발견하게 돼. 그리고 바로 그 나무통 위에서 한 톨의 볍씨를 발견하게 되지. 바로 그 볍씨가 한반도 최초의 재배 볍씨인 '고양 가와지볍씨'야. 그 볍씨를 시작으로 파헤쳤던 흙을 일일이 뒤져 총 열한 톨의 쌀알을 추가로 찾아냈어. 지금 이 볍씨들은 고양시 덕양구에 있는 '가와지볍씨박물관'에 잘 보관되고 있지. 이 박물관에 5020여 년 전의 신석기 시대 쌀알과 3000여 년 전의 청동기 시대 쌀알이 전시되어 있다고 하니 서둘러 가 봐야겠는걸?

즉석밥 이야기

한국인들이 사랑하는 즉석밥

1인 가구가 점차 늘어 가면서 즉석밥을 찾는 사람들이 점점 많아지고 있어. 약 10년 전에는 우리나라 전체 즉석밥 시장 규모는 1,290억 원 정도였는데, 점차 즉석밥을 찾는 소비자들이 늘기 시작해서 오는 2025년에는 약 5,200억 원대까지 증가할 거라는 예측을 하고 있어.(2022. 7. 닐슨코리아) 눈에 띄는 변화는 즉석밥을 찾는 소비 연령대가 거의 30대였는데, 시간이 지날수록 40~50대의 중장년층에서도 많이 소비를 하고 있다는 거야. 아무래도 잡곡밥, 솥밥, 영양밥 등 다양한 프리미엄 즉석밥들이 개발되면서 여러 소비층의 만족도를 높이고 있기 때문이겠지?

즉석밥의 유통 기한은?

즉석밥의 유통 기간은 6~8개월 정도로 생각보다 꽤 길어. 냉장 보관도 아닌데 이렇게 오랜 기간 동안 실온에 두고 보관해도 되는 걸까? 즉석밥 유통 기한의 비밀은 바로 포장 용기에 있어. 즉석밥에 사용되는 포장재는 외부의 공기나 수분이 스며들지 못하도록 4겹 차단막을 사용하고 있대. 접착층, 용기 외부에서 침투하는 산소를 차단해 주는 산소 차단층, 외부의 충격을 완충해 주는 강도 보강층, 인쇄층 이렇게 4겹 말이야. 포장 용기 하나에도 이렇게 많은 과학 기술이 들어가 있다니 놀라워.

♟ '밥 소믈리에'에 대해 들어 봤나?

'소믈리에'라는 단어는 프랑스어로 '와인 감별사'를 뜻해. 과거 프랑스의 한 영주가 자신이 가지고 있는 포도주를 관리하기 위해 와인에 대한 정보를 많이 알고 있는 사람을 채용하던 것이 확대되어 지금까지 전해져 내려오고 있다고 하지.

'밥 소믈리에'는 뭘까? 신조어지만 말 그대로 밥맛을 감별하고 판단하여 최상의 밥맛을 위해 고민하고 연구하는 사람들을 뜻하지. 우리나라에는 현재 그 자격증을 취득한 사람이 70여 명밖에 되지 않아. 아무래도 뛰어난 미각을 소유한 사람들이 도전하는 분야라 그럴 거야. 밥솥 회사나 즉석밥을 만드는 회사에서 더 나은 밥맛을 위해 연구하고 있는 사람들도 대부분 밥 소믈리에겠지? 조금 아쉬운 점은 밥 소믈리에 자격증은 우리나라가 아닌 일본의 취반협회에서 실시하는 자격 시험이라는 거야. 쌀의 가치를 높이고 최상의 밥맛을 위해 끊임없이 노력하는 모습이 우리 한국에서도 곧 실현되길 바라.

네 번째

재료 반, 공기 반
아이스크림

　오늘도 나는 학교를 마치고 봉일 편의점을 향해 발걸음을 옮겼다. 요즘 들어 부쩍 편의점 출입이 잦아졌지만 그간 별풍선 퀴즈를 맞춘 덕에 맛있는 간식을 먹으면서도 용돈을 꽤 많이 절약하게 된 것이다. 그러니 내가 이 편의점을 끊을 수가 없지. 그리고 왠지 봉일 아저씨가 보고 싶기도……. 아, 이 말은 취소다.

　지난번은 나의 실책으로 즉석밥 퀴즈를 틀리게 되면서 오늘은 내 돈 내 산을 해야만 한다. 이럴 때일수록 신중해져야 해. 나는 머릿속으로 오늘 먹을 아이스크림 종류를 생각하기 시작했다.

　'하드? 쮸쮸바? 소프트 아이스크림? 콘? 아, 다 먹고 싶은데. 고민이다. 고민.'

　머릿속이 온갖 아이스크림으로 가득 찼을 무렵, 벌써 나는 봉일 편의점 문 앞에 도착해 있었다.

　"띵동!"

　문이 열리는 소리와 함께 어디선가 들리는 봉일 아저씨 목소리.

　"도명이냐?"

나 원 참! 이 편의점에는 손님이 나밖에 없는 게 확실하다. 어떻게 문 여는 소리만 듣고 나인 걸 안담?

"네! 저 왔어요."

이제는 편의점이 아니라 삼촌 집에 놀러 온 게 아닐까 헷갈릴 정도다. 손님인 나나 점장인 봉일 아저씨나 좀 특이하긴 한 거 같아.

아저씨는 창고에서 우리 엄마가 계란말이를 할 때 사용할 법한 거품기와 양푼 한 개를 들고 나오는 중이었다. 자세히 보니 양푼 안에는 정체 모를 하얗고 뿌연 액체가 반 정도 담겨 있었다. 이 아저씨, 뭔가 또 이상한 실험을 시작하려는 게 분명해. 나는 얼른 아이스크림이 있는 곳으로 쪼르르 달려갔다. 오늘은 아이스크림만 사고 빠지자.

아이스크림 냉동고에는 다양한 종류의 아이스크림이 황홀한 자태를 뽐내고 있었다. 31가지 종류는 아닐지라도 이 중에서 내가 먹고 싶은 아이스크림을 딱 하나만 고르라는 건 너무도 가혹한걸? 그때, 내 눈에 들어온 두개더 아이스크림 미니어처! 큰 크기가 부담스러워서 혼자 먹을 엄두를 내지 못했는데 이렇게 귀여운 미니어처 크기로 나오다니. 세상 참 좋아졌구나. 나는 두개더 아이스크림을 낚아채어 얼른 계산대 위에 올려놓았다. 아저씨는 아이스크림을 바코드에 찍으며 말했다.

"저번에 즉석밥 퀴즈에서 별풍선을 얻지 못했구나. 이런, 오늘은 직접 결제를 해야겠는걸?"

나는 아저씨 말에 순순히 응했다. 저도 계약 위반은 원치 않는다고요. 나는 계산을 하기 위해 가방 속으로 손을 집어넣어 지갑을 찾았다. 그런데 아무리 손을 휘저어도 책과 필통 이외엔 손에 잡히는 게 없다. 설마, 지갑을 집에 두고 왔나? 나는 계산대 위에서 가방을 탈탈 털어 속에 있는 물건들을 샅샅이 살펴보았다.

이런, 지갑이 없다!

내 망연자실한 표정을 보고 상황을 파악한 듯한 봉일 아저씨는 나에게 심심한 위로의 말을 건넸다.

"도명아, 가끔은 말이다. 인생이 자기 뜻대로만 흘러가지는 않아. 나는 아주 급한데 버스는 오지 않는다거나, 내가 좋아하는 사람은 내 맘을 몰라주고 다른 사람을 좋아한다거나, 세상을 깜짝 놀라게 할 만한 발명품이라고 생각했는데 사람들이 모두 외면하거나 흑흑."

뭐야? 설마 아저씨, 지금 우는 거예요? 아저씨는 계산대 위에 있는 티슈 두 장을 뽑고서는 코를 '흥' 하고 풀었다. 지금까지 모든 이야기가 아저씨의 경험담임을 나는 확신할 수 있었다.

"아저씨, 저 괜찮아요. 아이스크림은 나중에 사 먹으면 되죠. 그냥 오늘은 집에 갈게요."

토끼 눈처럼 빨갛게 충혈된 눈으로 봉일 아저씨는 내 손을 덥석 잡고는 고개를 좌우로 흔들었다.

"도명아, 이렇게 포기하면 안 돼. 아이스크림을 사서 먹을 수 없다면 만들어서 먹으면 되지. 넌 그냥 거품기만 저으면 된단다."

나는 아저씨의 부담스럽고도 간곡한 제안을 차마 뿌리칠 수 없었다. 저렇게 빨개진 눈으로 쳐다보는 사람을 딱 잘라 낼 수 있는 사람 있으면 한번 나와 보라 그래.

정신을 차려 보니 나는 아저씨의 지시에 따라 양푼에 담긴 액체를 거품기로 젓고 있었다.

"아저씨, 이거 언제까지 저어야 해요?"

아저씨는 내 곁에 와서 양푼 안을 스윽 보더니 아직 멀었다며 계속해서 저으라고 했다. 이렇게 저으면 무슨 변화가 생기는 거야? 나는 좀 더 속도를 내어 거품기를 휘저었다. 얼마나 지났을까?

"아저씨, 이 정도면 돼요?"

나는 이마에 맺힌 땀을 닦으며 물었다. 아저씨는 아까처럼 내 곁으로 와서 양푼 안을 슬쩍 보더니 또 고개를 가로저었다.

아! 팔 아파. 더 이상은 못하겠다. 지금 내가 뭘 하고 있는 거지? 나는 그냥 아이스크림이 먹고 싶었을 뿐이라고. 나의 흔들리는 눈빛을 눈치챘는지 아저씨는 선풍기를 내 쪽으로 돌려 주며 말했다.

"지금 도명이 네가 하고 있는 게 아이스크림을 만드는 가장 기본적인 과정이야. 제대로만 한다면 아마 조금 있다가 내가 내는 보너스 별풍선 퀴즈를 맞히는 데에도 큰 도움이 될걸?"

보너스 별풍선 퀴즈라고? 저번에 눈치채긴 했지만 이 아저씨는 밀당에 천부적인 소질이 있는 것 같다. 포기하려 할 때쯤, 미끼를 던져 계속하게 하는 그런 기술 말이다.

별풍선 하나 하나가 소중한 나는 아저씨를 향해 불꽃 레이저 눈빛을 한 번 발사하고는 다시 거품기를 휘젓기 시작했다. 다시 한번 팔이 떨어질 것 같이 아파 올 무렵, 아저씨가 내 곁으로 와 말했다.

"이 정도면 되겠다. 지금 네가 휘저은 액체가 바로 아이스크림의 원료가 되는 생크림이야. 이렇게 부풀어 오른 생크림에 설탕을 녹인 우유를 천천히 섞어 얼리면 우리가 먹는 우유 맛 아이스크림과 얼추 비슷한 맛이 나."

설명을 마친 아저씨는 각 재료들을 조심스럽게 섞었다. 그런 뒤, 빈 유리통에 섞은 재료를 모두 쏟아 부었다. 유리통의 뚜껑을 단단히 잠그고 아저씨는 냉동실 깊숙한 곳으로 유리통을 밀어 넣었다.

"아저씨, 얼마나 기다려야 해요?"

"적어도 여덟 시간."

내가 잘못 들은 건 아니겠지? 설마 아이스크림을 먹기 위해 여덟 시간 동안 편의점에 있어야 한다고?

놀란 나에게 아저씨가 말했다.

"설마 내가 아이스크림 먹고 가라고 여덟 시간을 붙들어 놓겠어? 나도 아주 바쁜 사람이라고. 대신, 내가 아까 보너스 별풍선 퀴즈를 낸다고 했지? 그 퀴즈를 맞추면 오늘 사지 못한 두개더 아이스크림을 줄게. 당연히 다음 이용 상품도 공짜고 말이야. 그래야 보너스 퀴즈라고 할 만하지 않겠어?"

휴. 다행이다. 그런 조건이면 당연히 도전해 봐야죠.

"보너스 별풍선 퀴즈 풀래요. 퀴즈가 뭐예요?"

아저씨는 흠흠 거리며 두어 번 목을 가다듬은 뒤, 퀴즈를 냈다.

"자, 오늘의 퀴즈다! 우리가 아까 만들었던 아이스크림에는 생크림, 우유, 설탕이 들어갔지. 그런데 이것 말고도 반드시 들어가야 하는 기본 재료가 한 가지 더 있어. 이것은 아이스크림이 입에서 살살 녹을 수 있도록 부드러운 식감을 만드는 데 필수인 재료지. 과연 이게 뭘까?"

보너스 별풍선 퀴즈!

아이스크림을 좋아하는 고객님께,
입에서 살살 녹는 아이스크림에는
생크림, 우유, 설탕이 들어갑니다.
하지만, 이것 말고도 꼭 들어가야 하는 것이
한 가지 더 있는데요.
**아이스크림의 부드러운 식감을 좌우하는
이것은 과연 무엇일까요?**

나는 아저씨 질문을 다시 떠올려 보았다. 생크림과 우유, 그리고 설탕은 이미 내가 아는 답이다. 그렇다면 나머지 하나는 뭘까? 고민을 하면서 머리를 쥐어짜고 있는 찰나, 아까 아저씨가 내게 했던 말이 떠올랐다. 아저씨는 분명 내가 열심히 거품기를 휘젓는 행동이 나중에 별풍선 퀴즈를 맞추는 데 큰 힌트가 될 거라고 말했었다. 틀림없이 그 안에 답이 있을 텐데……. 내가 거품기로 아이스크림이 될 원료를 휘저을 때 뭐가 더 들어갔을까? 여기까지 생각한 나는 거침없이 손을 들었다.

"정답! 맛있는 아이스크림이 완성이 되기 위해서 필요한 또 하나의 재료, 그것은 바로 정성이에요!"

"땡!"

"아닌가? 아, 그럼 다시 정답! 맛있는 아이스크림을 만들겠다는 열정?"

"땡!"

계속해서 들리는 저 얄미운 '땡' 소리. 그럼 도대체 나는 왜 그토록 팔이 빠지게 거품기를 휘저어 댔단 말인가? 아저씨가 내 어깨를 도닥이며 말했다.

"정말, 인생이 마음대로 흘러가지 않는 걸 어린 나이에 여러 번 경험하는구나. 도명아, 정답을 공개할게. 잘 보렴."

아저씨는 강아지 모양 포스기의 버튼을 눌렀다. 이번에는 동영상이 재생되었다. 언제 찍었는지 열심히 거품기를 휘젓는 내 모습이 담겨 있었다. 아저씨는 일시 정지 버튼을 누르고 양푼 속을 아주 큰 배율로 확대시켰다.

"아저씨, 저 동그란 방울 같은 건 뭐예요? 제가 휘저을수록 더

많이 생기는 거 같은데요?"

"그래, 아주 잘 봤다. 아이스크림의 맛과 풍미는 유지방과 설탕이 결정하지만, 입에서 살살 녹는 듯한 부드러움은 바로 저 '공기'가 결정하지. 방금 도명이 네가 열심히 휘저었던 까닭은 바로 아이스크림의 재료들 속에 억지로라도 공기를 넣기 위함이었어. 영상을 좀 더 보다 보면 공기가 들어갈수록 점점 더 부풀어 오르는 게 보일게다."

정말 아저씨 말대로였다. 휘젓기 전과 휘저은 후 양푼 속 물체의 부피가 확연히 달려져 있는 것을 알 수 있었다. 마지막에는 뭉게구름처럼 부풀어 올라 보기만 해도 부드러움이 느껴지는 듯했다.

"이렇게 공기와 재료가 혼합되면서 부피가 커지는 것을 '오버런(over-run)'이라고 해. 오버런이 클수록 재료에 공기가 많이 섞여 있다는 뜻이야. 당연히 공기를 많이 섞을수록 부드러운 소프트 아이스크림과 같은 식감이 완성되겠지? 반대로 공기 함유량이 적다면 셔벗이나 하드바와 같이 좀 더 단단한 식감이 완성되는 거지."

아저씨는 혀를 굴리며 '오버런'을 특히나 강조했다.

"아! 그래서 아이스크림이 녹으면 부피가 줄어드는 거군요? 아이스크림 안에 있던 공기가 빠져나가니까요."

"그렇지! 그럼 녹은 아이스크림을 다시 얼리면 어떻게 될 거

같니?"

"당연히, 공기가 빠진 상태로 어는 거니까 부드러움을 기대할 순 없겠네요. 우웩! 그건 제 스타일이 아닌 것 같아요."

아저씨는 내 대답에 고개를 끄덕이며 만족한 웃음을 지었다. 하지만 거기까지가 끝.

"그래, 이해를 잘한 것 같아서 내가 다 뿌듯한걸! 그런데 어쩌나? 오늘의 별풍선 퀴즈도 실패로 돌아갔으니 이 아이스크림과 다음 공짜 이용권도 물 건너간 거 같은데?"

치. 그렇게 친절하게 말해 주지 않아도 다 알거든요? 나는 설명을 듣느라 이미 녹을 대로 녹은 두게더 아이스크림을 아저씨 쪽으로 밀며 말했다.

"아저씨, 저도 공기가 다 빠져서 부드러움이 사라진 아이스크림에는 관심 없어요. 집에 가면서 신선한 공기나 들이마실게요."

나는 편의점 밖을 나서며 시원한 공기를 한가득 들이쉬었다.

"음, 역시 공기가 최고야!"

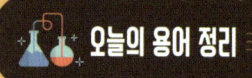

부피가 있는 공기

도명이가 주변에 가득한 공기를 바로 옆에 두고도 답을 찾지 못한 이유는 뭘까? 맞아! 공기는 우리 주변에 있지만 눈에 보이지도 않고, 냄새를 풍기지도 않기 때문이지.

잠깐, 여기서 공기에 대해 조금 더 파헤쳐 볼까? 공기는 여러 가지 기체가 섞인 혼합물이야. 질소, 산소, 아르곤, 이산화탄소 등의 기체가 균일하게 섞여 있지. 특히 질소와 산소가 공기 중에서 가장 많은 비중을 차지해. 당연히 공기는 물질의 세 가지 형태인 고체, 액체, 기체 중에서 기체 상태에 속하고 말이야.

기체는 고체와는 달리 정해진 모양과 형태가 없어. 그저 어떤 그릇에 담겨지느냐에 따라 그 모양이 달라지는 거지. 아이스크림을 만들 때도 마찬가지야. 아이스크림의 원료를 휘저으면서 공기를 주입하면 원료들 사이에 공기 입자가 침투하게 되지. 그 안에서 공기는 일정한 부피를 차지하게 돼. 그걸 재빠르게 냉각시키면 입안에서 살살 녹는 부드러운 식감의 아이스크림이 완성되는 거란다.

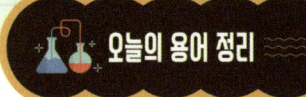

아이스크림의 식감을 결정하는 공기의 부피

아이스크림의 필수 성분은 유지방, 설탕, 공기야. 물론 취향에 따라 여기에 딸기나 초콜릿 같은 부재료를 넣을 수도 있겠지만 말이야. 만일 아이스크림에 공기가 들어가지 않는다면 우리는 그저 설탕을 녹인 우유를 냉동실에서 얼린 느낌의 아이스크림만 먹게 될 거야.

아이스크림을 만드는 과정에서 재료를 휘저으면 그 속으로 공기가 들어가게 되는데, 이때 들어간 공기의 부피를 오버런(over-run)이라고 해. 이 오버런의 정도에 따라 아이스크림의 식감이 달라지는 거지. 예를 들어, 재료의 양을 100이라고 했을 때, 포함된 공기의 양이 100이라면 오버런 100%라고 할 수 있어. 아이스크림의 절반을 공기가 채우고 있는 거지. 우리가 편의점이나 마트에서 만나게 되는 대부분의 아이스크림은 오버런이 80~100% 정도라고 하니 꽤 많은 양의 공기를 아이스크림과 함께 먹는 셈이구나.

생활 속에서 기체의 부피를 어떻게 이용할까?

대부분의 기체가 눈에 보이지도 않고 만져지지도 않기 때문에 기체는 부피도 없고 무게도 없다고 생각하기가 쉬워. 하지만 천만의 말씀! 기체도 엄연히 부피와 무게를 가지고 있어. 기체의 부피를 활용한 생활용품의 예 몇 가지를 살펴보면 아마 절로 고개가 끄덕여질 거야.

먼저, 빵빵한 과자 봉지를 생각해 볼까? 과자가 부서지지 않도록 기체를 가득 채워 포장을 해 놓았어. 봉지를 열면 그 빵빵한 게 모두 과자가 아니라서 실망할 수는 있지만 온전한 모양의 과자를 즐길 수 있는 건 다 포장을 가득 채우고 있던 기체 덕분이지.

운동화 바닥도 한 번 살펴볼까? 뒤꿈치 부분에 공기가 들어간 부분이 보이니? 에어쿠션이라고도 하는 이 부분은 신발 뒤축에 공기를 주입해 놓은 장치야. 걷거나 뛸 때 뒤꿈치에서 받는 충격을 줄여 주는 역할을 하지.

기체의 부피를 활용한 예로 에어백을 빼놓을 수 없지. 자동차 사고가 났을 때, 좌석의 앞쪽과 옆쪽에서 부풀어 오르는 에어백은 사고의 충격에서 사람을 보호해 주는 역할을 해. 자동차가 충돌하면 에어백 안에서 순식간에 기체가 만들어지고, 이 기체가 에어백을 부풀어 오르게 하여 운전자와 탑승자에게 전해지는 충격을 감소시켜 주는 거지.

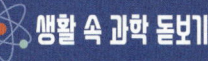

음식 속으로 들어간 기체

　생활용품에서 기체가 많이 활용되고 있지만, 음식의 맛을 좋게 하고 식감을 풍성하게 하는 용도로도 기체가 쓰이기도 해.

　머랭 쿠키 좋아하니? 먹으면 솜사탕처럼 입에서 사르르 녹는 매력적인 디저트 말이야. 이 머랭 쿠키에서도 공기를 찾아볼 수 있지. 머랭 쿠키를 만들기 위한 첫 번째 과정은 달걀흰자와 설탕을 열심히 휘젓는 거야. 그럼 달걀에 있는 단백질이 두 종류로 분리되기 시작하는데, 그중 한 종류의 단백질이 휘저으면서 들어온 공기와 결합해 반죽을 솜사탕처럼 부풀려 주지. 몇 가지 과정을 더 거친 뒤, 부풀어진 반죽을 오븐에 구우면 공기가 가득 담긴 머랭 쿠키 완성!

　빵도 기체가 없으면 안 되는 음식 중 하나야. 부드럽고 폭신한 식빵 반죽에 꼭 필요한 재료 중 하나는 바로 효모(이스트)야. 효모는 발효 과정을 거치면서 빵 속에서 이산화탄소를 만들어 내지. 끈끈한 반죽 때문에 이산화탄소는 그 안에 갇힌 채로 부풀어 오르게 돼. 이렇게 부풀어 오를 때까지 기다렸다가 구워 내면 우리가 먹는 폭신한 빵이 완성되는 거야.

109

막대 아이스크림의 탄생

 편의점에서는 다양한 형태의 아이스크림을 찾아볼 수 있어. 떠 먹는 아이스크림은 물론이고 막대 아이스크림과 콘에 담긴 것 등 취향별로 골라 먹을 수 있지. 그중에서도 가장 종류가 다양한 막대 아이스크림은 어떻게 만들어지게 되었을까? 놀랍게도 막대 아이스크림을 처음으로 만든 사람은 미국의 열한 살짜리 꼬마였대.

 1905년 당시 미국에서는 자기 취향대로 음료수를 직접 만들어 먹는 사람들이 많았대. 우리가 여름에는 매실청을 찬물에 타 먹고, 겨울에는 따뜻한 유자차를 만들어 먹는 것처럼 말이야. 캘리포니아에 살고 있던 프랭크 애퍼슨도 자기가 마실 음료수를 직접 만들고 있었지. 물에 레모네이드 가루가 잘 녹을 수 있도록 막대로 젓던 중에 프랭크는 잠깐 다른 볼일이 생겨 창가에 음료수를 두고 방을 나가게 되지. 프랭크는 다음 날이 되어서야 추운 밤을 꼬박 지새워 꽁꽁 얼어붙은 음료수를 발견하게 돼. 막대에 꽂힌 상태로 얼어붙은 음료수를 컵에서 꺼내어 맛을 보게 되었는데 이게 웬일? 시원하고 새콤달콤한 게 너무 맛이 있었던 거지. 프랭크는 이것을 친구들에게도 소개했어. 물론 친구들 사이에서도 꽁꽁 얼어붙은 레모네이드 음료는 인기 최고였지. 어른이 된 프랭크는 이것으로 사업까지 하게 돼. 최초의 막대 아이스크림인 '앱시클'의 등장이었지. 애퍼슨이라는 자신의 성에 고드름을 뜻하는 영어 단어인 아이시클(Icicle)을 조합하여 '앱시클'이라는 이름을 붙이게 된 거지. 이후에 앱시클은 '팝시클'로 명칭이 바뀌게 되고 지금은 미국에서 팝시클이라고 하면 막대 아이스크림을 뜻하는 대표 제품이 되었단다.

아이스크림 이야기

🔑 녹지 않는 아이스크림이 있다고?

세 시간이 지나도 녹지 않는 아이스크림이 있대. 일본의 한 연구소에서 지진 후, 어려워진 딸기 농가를 도와주기 위해 방법을 찾던 중에 개발하게 되었다는구나. 처음에는 딸기에서 추출한 폴리페놀이라는 성분을 활용해 디저트를 만드는 게 목표였대. 그런데 한 셰프로부터 뜻하지 않은 불만 사항을 듣게 되지. 바로 크림 성분에 폴리페놀 성분을 첨가하면 크림이 딱딱하게 굳어져 버린다는 거였어. 이 불만을 들은 연구원은 이런 폴리페놀의 성질을 역이용하면 녹지 않는 아이스크림을 만들어 낼 수 있겠다는 생각을 하게 돼. 결과는 대성공이었어. 딸기 속 폴리페놀 덕분에 녹지 않는 아이스크림까지 만나 볼 수 있다니, 역시 과학의 힘은 대단해!

🔑 아이스크림에는 유통 기한이 없다고?

아이스크림에는 유통 기한이 표시되어 있지 않아. 다만 제조 일자가 표기되어 있어서 언제 만들어졌는지는 알 수 있지. 식품의약품 안전처의 표시 기준에 따르면 모든 식품은 제조 일자는 물론 유통 기한까지 표시해야 하지만 아이스크림은 예외야.

그 이유는 아이스크림은 보통 영하 18도에서 제조되고 냉동 상태로 유지되기 때문에 세균 번식이나 변질의 가능성이 낮기 때문이지. 그렇다고 해도 전문가들의 의견에 따르면 제조일로부터 1~2년 이내의 식품을 섭취하는 것이 좋대. 아이스크림을 살 때는 제조일도 꼼꼼히 확인해 보는 어린이 소비자가 되자.

아이스크림도 구독하는 시대

최근 빙과 업계에서도 저출생의 타격을 제대로 받고 있는 모양이야. 아이스크림의 주 고객층인 아이들이 점점 줄어들고 있기 때문이야. 그래서 다양한 홍보와 제품 개발로 아이스크림 소비층을 확대하고 있대. 그 방법 중에 '아이스크림 구독 서비스'라는 게 있어. 매월 정해진 만큼의 금액을 내면 다양한 테마의 아이스크림이 가정으로 배달되는 거지. 예를 하나 들어 볼까? 딸기가 한창인 봄에는 '딸기'를 테마로 아이스크림 세트를 꾸릴 수 있어. 딸기맛 쭈쭈바, 딸기맛 아이스크림콘, 딸기맛 하드바 등등 말이야. 우아, 생각만 해도 행복해지는 걸? 아이스크림이 배송되는 그날만 손꼽아 기다리게 될 것 같아.

다섯 번째

포장지 속 기체의 정체
감자칩

 오늘은 과학 학원에 가는 날이다. 학원에 가지 않는 날은 편의점에서 꽤 여유롭게 시간을 보낼 수 있지만 오늘은 학원 수업 시간에 늦지 않게 얼른 볼일만 보고 나와야 한다. 지난번처럼 팔이 빠지게 아이스크림을 만들다 간 지각할 게 틀림없기 때문이다. 오늘의 목표는 간식 구입과 별풍선 퀴즈 맞히기, 이 둘뿐이다. 절대 한눈을 팔지 않겠다는 다짐을 되뇌며 나는 봉일 편의점 문을 활짝 열어 재꼈다.

 문을 열자마자 봉일 아저씨 모습이 보였다. 아저씨는 계산대 위에 두 다리를 올려놓고, 스마트폰을 보며 깔깔거리고 있었다. 영상의 시작과 함께 운명을 같이했을 법한 반쯤 남은 과자 쪼가리들도 눈에 띄었다. 아저씨는 내가 들어서자 과자를 집던 두 손가락을 야무지게 쪽쪽 빨고는 손을 흔들어 보였다.

 "안녕, 어서 와."

 나는 꾸벅 고개를 숙여 인사했다. 그러고는 재빨리 과자 코너로 향했다. 지체할 시간이 없기 때문이다. 게다가 오늘도 내 돈 내

산! 최대한 가성비가 좋은 과자를 찾아야만 한다. 최소의 비용으로 나의 오감을 충족시킬 수 있는 그런 과자 말이다. 이 많은 과자 가운데 그런 과자를 딱 하나만 고른다면? 심혈을 기울여 과자를 고르고 있던 찰나였다.

"와그작, 와그작, 푸하하하!"

아저씨의 과자 씹는 소리와 요란한 웃음소리 때문에 모처럼 찾아온 집중력이 다 깨져 버렸다. 처음에는 그러려니 하고 넘겼지만 들으면 들을수록 예사 과자가 아님을 감지할 수 있었다. 씹는 소리에서 바삭함이 그대로 느껴졌기 때문이다.

'도대체 무슨 과자길래 소리까지 저렇게까지 바삭거리는 거지?'

학교 단원 평가와 학원 시험으로 스트레스가 높게 쌓이던 나는 아저씨가 과자를 씹을 때의 '와그작'거리는 소리가 너무나도 통쾌하게 들렸다.

몸을 살짝 기울여 계산대 쪽을 힐끔거렸지만 도무지 어떤 과자인지 알 수가 없었다. 나는 앞으로 한 발짝 더 움직여 고개를 쭉 뺐다. 그래도 보이지 않았다. 한 걸음만 더 계산대 쪽으로 또 한 발짝 움직이려는 순간!

"감자칩이다."

아저씨가 대답했다.

"네? 어, 어떻게 알았어요?"

"저기 볼록 거울로 힐끔거리는 거 다 보이거든?"

아, 이럴 줄 알았으면 그냥 물어볼걸. 나는 얼굴을 붉히며 제일 빵빵한 감자칩을 골라 계산대로 가져갔다.

아저씨는 얄미운 웃음을 날리며 바코드로 감자칩을 스캔했다.

"내가 먹방에는 좀 소질이 있는 것 같아. 너도 내가 먹고 있는 거 보고 군침이 돌았구나?"

나는 일부러 못 들은 척했다.

"삐! 감자칩 인식 완료. 여러 가지 기체의 성질에 따른 미션"

강아지 포스기의 AI가 명랑한 목소리로 이번 미션을 알려 주었다.

나는 계산을 마치고 빵빵해서 잘 들어가지도 않는 감자칩을 가방 속에 급히 욱여넣었다. 지금은 이것저것 따질 여유가 없다. 얼른 이 편의점을 벗어나 화끈거리는 얼굴을 진정시키는 일이 먼저니까. 저 아저씨는 언제부터 편의점에 볼록 거울을 설치해 놓은 거람?

구시렁거리며 편의점 문을 나서는 내 뒤통수에 대고 아저씨가 소리쳤다.

"감자칩이 워낙 바삭거리니까 아무래도 집에서 먹는 게 좋을

게다."

흥, 그 정도쯤은 저도 알고 있거든요. 나는 학원을 마치고 집에 도착하자마자 가방을 빵빵하게 채우고 있던 감자칩 봉지를 꺼냈다. 저녁 식사 전이라 출출한데 마침 잘 됐군. 양손으로 감자칩 봉지의 끝을 있는 힘껏 잡아당겼다. '퍽' 하는 소리와 함께 감자칩 개봉!

그런데 커다란 감자칩 봉지 안에는 같은 크기로 포장된 좀 더 작은 감자칩 봉지 두 개가 들어 있었다. 요즘은 이렇게 소분해서도 나오나? 뭔가 이상하다는 생각이 들어 감자칩 포장지를 뒤적거려보니, 역시나 별풍선 퀴즈가 있었다.

✦ 별풍선 퀴즈 ✦

빵빵한 과자 봉지 속 감자칩을
구입해 주신 고객님께, 맛도 맛이지만
빵빵한 봉지에 이끌려 저를 선택한 고객님도 많으실 테죠?
요즘 고객님들 사이에서 '질소를 사면 감자칩이 딸려 온다.'는
우스갯소리가 있는 걸로 압니다. 하지만 저희도 억울해요!
감자칩에 질소를 가득 채울 수 밖에 없는
속사정을 과학적으로 알려 줄 문제를 내드릴게요.

**다음 ①번, ②번 두 감자칩 중
질소로 충전된 것은 어느 것일까요?**

쪽지에 적힌 대로 감자칩 봉지에는 큰 글자로 ①과 ②라는 숫자가 적혀 있었다. 뭐, 1+1이라면 뭐든 좋아. 내가 다 맞혀 주겠어.

나는 ①번 스티커가 붙어 있는 감자칩 봉지를 먼저 뜯어 보았다. 봉지를 뜯자마자 오래된 기름 냄새가 코를 찔렀다. 냄새도 냄새지만 이미 눅눅해진 것이 보기에도 딱 먹기 싫게 생겼다. 으악! 이건 도저히 못 먹겠어. 패스!

지체 없이 ②번 스티커가 붙어 있는 감자칩 봉지를 깠다. 음, 이거지! 이제야 내가 알고 있는 짭짤하고 바삭한 감자칩을 맛볼 수 있었다. 깊게 생각할 것도 없이 정답은 ②번이라고 확신했다. 감자칩의 마지막 한 조각까지 이렇게 바삭한데 당연히 ②번일 수밖에.

다음 날 학교를 마치자마자 나는 봉일 편의점으로 달려갔다. 문을 열자마자 나는 아저씨를 향해 대뜸 '정답! ②번!'이라고 외쳤다.

아저씨는 만족한 듯 고개를 끄덕이며 말했다.

"딩동댕! 이번 문제는 너무 쉬웠지? 두 번 연속 별풍선 문제를 놓치는 바람에 많이 풀죽어 하는 눈치라 이번에는 좀 쉬운 문제로 준비해 봤지. 하지만, 왜 꼭 감자칩 포장을 질소 기체로 채워야 하는지는 대답하기 어려울걸?"

나 원 참. 아저씨의 질문 기술이 날이 갈수록 진화하고 있다. 자존심을 살짝 건드리는 듯하면서 생각을 유도해 내는 저 기술. 자존심 하면 나도명인데 가만있을 수는 없지.

"뭐, 질소만이 가지고 있는 특별한 특성 때문이겠죠."

나는 아는 듯 모르는 듯 얼버무리며 대답했다. 아저씨의 질문 기술만큼 나의 대답 기술도 날로 발전하는 듯한 느낌이다.

"맞아! 산소도 아니고, 이산화탄소도 아니고, 질소만이 가지고 있는 특성 때문이지! 질소는 우리 몸을 구성하는 핵심 성분 중 하나이기도 하고, 식물의 성장에 반드시 필요한 비료에 꼭 들어가야 하는 성분이기도 하지. 다행히 이렇게 소중한 질소는 우리 대기 중에 78%나 차지하고 있어."

"그럼 과자 포장을 할 때, 어렵지 않게 구할 수 있겠네요?"

"응, 그게 질소의 장점 중 하나이기도 해. 다른 기체들에 비해 비교적 쉽게 구할 수 있다는 점 말이야. 하지만 질소 기체로 과자 포장을 하는 더 중요한 이유는 따로 있지."

아저씨는 진열대로 성큼성큼 걸어가 감자칩 두 봉지를 가지고 왔다. 그중 한 봉지를 진공 포장기 사이에 넣어 고정시켰다. 버튼을 누르자 감자칩 안에 있던 질소 기체가 빠지면서 감자칩이 쭈굴쭈굴해졌다.

"우아! 생각보다 질소가 엄청 많이 들어 있네요."

"특히나 감자칩은 다른 과자에 비해 질소가 더 많이 들어 있는 편이야. 왜 그런지 이제 알게 될 거야."

아저씨는 두 감자칩을 계산대 위에 나란히 올려놓고는 손바닥으로 사정없이 내려치기 시작했다.

"아저씨! 과자 다 부서져요!"

하지만 아저씨는 눈 하나 깜짝하지 않았다. 불쌍한 감자칩. 우리 엄마가 먹는 걸로 장난치지 말라고 했는데. 내 걱정스러운 눈빛에도 전혀 아랑곳하지 않고 아저씨는 계속했다. 그러고는 두 감자칩 포장을 뜯어 그 속을 비교해 주었다.

진공 포장으로 질소를 빼낸 감자칩 속을 먼저 보게 되었는데, 그 안은 실로 처참했다. 처음의 형태를 유지하는 과자 조각이 거의 없었다. 반면, 질소로 가득 차 있던 감자칩은 몇 조각을 제외하고는 거의 부서지지 않고 제 모습을 유지하고 있었다.

"너도 알다시피 감자칩은 얇게 만들어 바삭함을 유지해야 하는 과자야. 그런데 그렇게 만든 감자칩을 봉투에 그냥 담아 운반을 한다면 산산조각 난 모습으로 우리에게 오게 될 거야. 다 부서진 과자는 아무도 먹고 싶어 하지 않을걸?"

음. 그래서 감자칩 안에 그렇게 빵빵하게 충전 기체가 채워져 있던 것이었군. 그런데 가만. 왜 하필 질소로만 채우는 거지? 질소가 공기 중에 많아서 구하기 쉽다는 그 이유 하나 때문에? 그건 아니지 싶었다. 나는 아저씨에게 물었다.

"아저씨, 그런데 좀 이상해요. 다른 기체를 꽉 채워도 빵빵해져서 감자칩을 보호할 수 있잖아요. 질소가 공기 중에 많다는 이유 하나 때문에 질소를 사용하는 거예요?"

아저씨는 초롱초롱한 눈빛으로 나를 쳐다보며 말했다.

"도명아, 네가 질문을 다 하다니! 그리고 질문도 아주 수준급이다. 이야, 편의점 할 만하네."

내 질문 하나에 저렇게 뿌듯해하는 아저씨를 보니 괜히 어깨가

으쓱거렸다.

"네 말처럼 다른 기체를 채워도 과자 봉지를 빵빵하게 만들 수는 있어. 하지만, 질소는 색과 냄새가 없어서 과자의 맛에 영향을 주지도 않으면서 반응성이 낮은 기체라는 특징이 있지."

"반응성이 낮다는 게 무슨 말이에요?"

"반응성이 낮다는 건 다른 물질과 좀처럼 반응하지 않는다는 뜻이야. 음, 반대의 예를 들어 볼게. 지난번 사 간 감자칩 봉투에서 ①번을 깠을 때 어땠니?"

"윽! 생각하기도 싫어요. 기름에 절어 있는 냄새도 났고, 바삭거리기는커녕 축축해서 입에 대지도 않았어요."

"맞아, 그 ①번에 들어 있는 기체는 바로 '산소'였어. 산소는 질소와 달리 매우 반응성이 큰 기체 중 하나이지. 그래서 감자칩에 있는 기름 성분과 금세 만나 색이 변하고 악취가 나는 변화를 일으키게 된 거야. 게다가 산소는 과자 봉지 안에서 미생물을 증식시킬 수도 있지."

"아, 질소는 감자칩 봉지 안에서 여러 가지 역할을 하고 있군요. 구하기 쉽고, 감자칩을 충격에서도 보호해 주고, 맛과 냄새를 보존시켜 주기까지 하니까요."

아저씨는 대답 대신 엄지를 올려 쭈욱 내밀었다.

나는 아저씨의 엄지척을 받으며, 드디어 별풍선을 다시 얻게 되었다.

"아! 다음에도 이렇게 고르기 쉬운 문제를 내주면 안 될까요? 네?"

내 이런 바람은 의문의 할아버지 등장으로 완전히 산산조각 나 버렸다.

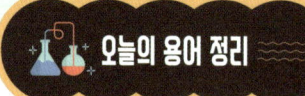

반응성이 낮은 기체, 질소

과자를 사면 과자 봉지가 빵빵한 걸 느낀 적 있지? 그건 과자 봉지 안에 과자 말고 다른 걸 넣었기 때문이야. 과자 말고 뭘 넣었을까? 과자 봉지 안에 충전재를 넣어서 그래. 충전재는 과자와 함께 넣어서 과자가 부서지지 않게 빈 공간을 채워 넣는 재료야. 과자 봉지 안에는 충전재로 주로 질소를 넣어.

그냥 공기를 넣으면 공기 안에 포함되어 있는 산소가 다른 물질과 만나서 과자의 맛을 변하게 해. 하지만 질소를 넣으면 과자가 시간이나 온도에 의해 상태가 변하지 않고 오래 유지되거든. 질소는 다른 기체와 만나도 거의 반응하지 않기 때문이야.

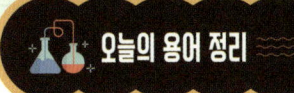

반응성이 높은 기체, 산소

　반응성이 낮은 질소와는 다르게 산소는 반응성이 매우 높은 편에 속해. 반응성이 크다는 말은 주변에 관심이 많아서 다른 입자들이 오면 얼른 결합하여 산화물을 만들어 버린다는 뜻이야. 늘 어울릴 준비가 되어 있는 거지. 산소가 얼마나 반응을 잘하는지는 주위를 조금만 둘러봐도 알 수 있어. 오늘 마신 물을 생각해 볼까? 물에도 산소가 포함되어 있어. 산소 원자 하나와 수소 원자 두 개가 합쳐진 것이 물이니까 말이야. 나무와 꽃이 자라나는 땅은 어떨까? 땅 위의 돌과 흙 안에도 많은 산소 원자가 포함되어 있지. 이런 산소의 높은 반응성을 이용하는 산업 분야도 있어. 산소가 포함되어 있는 과산화수소는 상처를 소독하는 데 유용하게 사용되고 있고, 금속 제품을 만들 때에도 산소를 이용하여 용접을 하기도 해. 또 반응성이 높은 만큼 폭발력도 어마어마하기 때문에 로켓의 연료로 사용되기도 하지. 그렇기 때문에 산소 기체를 과자 봉지 안에 채워 넣게 되면, 과자를 지켜야 하는 임무를 수행하기보다는 감자칩에 있는 기름 성분에 한눈팔려 감자칩 고유의 맛과 식감을 잃게 되는 거야.

질소의 이용

생활 속 질소 이용
질소의 특징을 정리해 보자. 질소는 무색, 무취이고 반응성이 아주 낮은 기체야. 다른 물질과 화학 반응을 잘 일으키지 않아. 대기 중에 78%나 분포하고 있어서 구하기가 쉽지. 반응성이 낮은 아르곤이나 네온, 헬륨보다 질소가 값도 저렴해. 아, 또 있어. 질소는 녹는점(고체가 액체 상태로 바뀌는 온도)이 -210℃로 매우 낮아. 액체 상태의 질소 온도가 대부분의 물질을 얼려 버릴 만큼 낮다는 걸 뜻하지. 이런 성질 덕분에 질소는 우리 주변에서 많은 곳에 쓰이고 있어.

기체 질소의 활용
기체 상태로 존재하는 질소는 어떻게 이용되고 있을까? 수축하고 팽창하는 정도가 일정한 질소 기체는 날씨에 상관없이 전 세계를 누벼야 하는 항공기 타이어를 채우는 데 쓰이기도 해. 경주용 자동차의 바퀴도 질소로 충전하지. 타이어의 압력이 조금만 바뀌어도 경기 결과에 큰 영향을 끼칠 수 있으니까 말이야. 화재 예방에도 질소 기체가 쓰여. 우리 주변에서 볼 수 있는 분말 소화기 안에는 질소나 이산화탄소 같은 불에 잘 타지 않는 기체가 들어 있어. 화재 진

압에는 반응성이 낮은 기체가 필요하거든. 전구 속 필라멘트를 보호하기 위한 충전재, 음식물을 상하지 않게 보존할 때, 전자 제품의 부속품을 장기간 보호해야 할 때도 기체 질소가 쓰여.

액체 질소의 활용

질소는 영하 210℃~196℃ 사이에서 액체 상태로 존재해. 아주 낮은 온도이기 때문에 다양한 산업 분야에 활용되고 있지. 구슬 아이스크림을 먹어 본 적 있니? 구슬 아이스크림을 만들 때 꼭 필요한 게 액체 질소야. 스포이드를 이용하여 아이스크림 원료를 액체 질소에 방울방울 떨어뜨리면 급격한 속도로 얼어붙게 돼. 방울 모양인 채로 얼어 버리는 거지. 이렇게 해서 만들어진 것이 구슬 아이스크림이란다.

질소의 뜻이 '질식시키는 물질' 이라고?

　질소는 1772년 영국의 화학자 대니얼 러더퍼드에 의해 처음으로 발견되었어. 러더퍼드는 공기 속에서 산소와 이산화탄소를 제외하면 어떤 기체가 남는지 궁금했어. 그 당시만 해도 산소와 이산화탄소 외에는 공기 중에 어떤 기체가 속해 있는지 알지 못했거든. 러더퍼드는 먼저 밀폐된 용기 안에 쥐와 촛불을 넣었어. 생명체가 숨을 쉬고, 촛불이 타는 데 산소가 사용된다는 사실을 이용한 거지. 시간이 지나 밀폐된 용기 안에서 쥐가 죽고, 촛불이 꺼지자 러더퍼드는 이제 산소는 모두 제거가 되었으니 이산화탄소만 제거하면 된다고 생각했지. 그래서 그는 이산화탄소가 석회수를 만나면 가루로 변해 가라앉는다는 성질을 이용해서 이산화탄소까지 제거하게 돼. 이제 용기 안에는 생명이 살 수도 없고 불도 붙지 않는 기체만 남게 된 거야. 러더퍼드는 이 기체를 독성이 있는 공기라는 뜻으로 '유독한 공기(noxious air)'라고 불렀어.

　몇 년 뒤, 프랑스의 화학자 라부아지에 역시 산소를 제거한 공기에서는 동물이 죽고 불도 꺼지는 현상을 관찰하게 돼. 그 역시 이 기체를 그리스어로 '아조테(azote: 생명이 없음)'라고 명명하게 되지.

이런 연유로 독일을 포함한 유럽 몇몇 곳에서는 질소가 '질식시키는 물질(stick-stoff)을 가진 기체로 알려지게 돼. 우리나라는 일본을 거쳐 이 단어가 한자로 바뀌어 전해지게 된 거고 말이야.
　하지만 프랑스 화학자 샤프탈에 의해 질소가 질산염(nitron)을 만드는(gene) 원료라는 뜻으로 재명명되게 되고, 지금은 질소(nitrogen)이라는 이름으로 불리고 있어.

감자칩 이야기

눅눅해진 감자칩을 다시 되돌리는 방법

아껴 먹으려고 남겨 두었던 감자칩을 시간이 지나 열어 보면 눅눅해져서 실망해 본 적이 누구나 한 번쯤 있을 거야. 감자칩이 눅눅해지는 이유는 공기 중에 있는 수분이 감자칩에 달라붙었기 때문이지. 이럴 때는 전자레인지에 10~15초 정도만 돌려 주면 다시 바삭거리는 감자칩으로 되돌려 놓을 수 있어. 전자레인지가 감자칩의 수분을 날려 주기 때문이지. 하지만 너무 오래 방치해 둔 감자칩은 전자레인지로도 살릴 수 없다고 하니 이 점은 꼭 기억해 둬.

감자칩 봉지로 뗏목을 만들어 한강 건너기

2014년 한강에서 깜짝 놀랄 만한 퍼포먼스가 펼쳐졌어. 바로 대학생 세 사람이 감자칩을 포함한 과자 봉지 160여 개를 이어 뗏목을 만들고 한강을 건너는 모습이었지. 보트에는 두 사람이 탑승했고 서울 송파구 한강공원에서 출발하여 약 30여 분 만에 900m 떨어진 광진구 윈드서핑장에 무사히 도착했어. 이들이 이 퍼포먼스를 준비한 이유는 제과업체가 과도한 질소 충전 포장으로 실제 과자의 양을 줄이고 있는 것에 대해 항의를 하기 위함이라고 했어. 주변에 있던 시민들은 학생들이 참신한 방법으로 소비자 권리를 주장한다는 점에서 응원의 박수를 보내기도 했지.

소리로 먹는 감자칩

감자칩의 생명은 바삭함이지. 그런데 사람들은 감자칩을 먹으면서 이 바삭함을 어떻게 느끼는 걸까? 2005년 영국 옥스퍼드대학교에서 재미있는 실험이 하나 이루어졌어. 연구팀은 참가자들에게 헤드폰을 쓰게 하고 감자칩을 먹을 때 나는 '바삭' 소리 크기를 다르게 들려주며 감자칩을 먹게 했어. 그러고는 물었지. "어떤 감자칩이 가장 맛있게 느껴지나요?" 사실, 연구팀이 참가자들에게 나눠 준 감자칩은 모두 같은 종류의 감자칩이었지. 그런데 참가자들은 뜻밖의 대답을 했어. '바삭'거리는 소리가 크게 들렸을 때의 감자칩이 더 맛있다고 느껴졌다는 거야. 감자칩은 소리로도 먹는다는 말이 그냥 하는 말이 아니라는 게 밝혀지는 순간이었지.

여섯 번째

이산화탄소의 압력을 견뎌라!
탄산음료

 우아! 어제 봉일 아저씨가 알려 줬던 질소 기체의 성질이 과학 단원 평가에 떡하니 나올 줄이야. 시험을 보는 내내 입가에 미소가 떠나질 않았다. 이번 시험에서 좋은 성적을 거둔다면 엄마에게 이제 과학 학원은 그만 다니면 어떻겠냐고 제안해 볼 생각이다. 나에게는 봉일 편의점과 봉일 아저씨가 있으니까.

 학교를 마치고 나는 과학 시험지를 휘날리며 봉일 편의점으로 달려갔다. 문을 열자마자 아저씨를 찾았다.

 "아저씨! 대박 사건이에요. 어제 아저씨가 알려 준 질소 기체의 성질이 단원 평가에 나왔어요. 당연히 가뿐하게 정답을 맞췄죠."

 아저씨 덕분에 문제 하나를 더 맞췄다는 기쁜 소식을 전하자 아저씨의 어깨가 한껏 올라갔다.

 "하하. 거참 뿌듯한걸? 내가 알기 쉽게 설명해 주기는 하지."

 아저씨는 오늘따라 아주 친절한 말투로 천천히 간식을 고르라고 했다. 저번에 감자칩 문제를 맞혔으니 오늘 간식은 당연히 공짜인 것을 상기시켜 주기까지 하면서 말이다. 오늘따라 VIP 대접 제대로인데?

진열대 사이를 여유롭게 걸어 다니며 간식을 고르고 있는데 편의점 문 열리는 소리가 들렸다.

"띵동"

나이가 지긋한 한 할아버지께서 편의점 문을 열고 들어오셨다. 이 편의점에 나 말고 다른 손님도 오는구나. 아마 봉일 아저씨는 저 할아버지께도 별풍선 퀴즈를 내겠지? 할아버지는 어떤 반응을 보이실까? 혼자 이런저런 생각을 하며 나는 음료 코너에서 탄산음료 하나를 들고 계산대로 가져갔다.

"아저씨, 이 탄산음료 별풍선으로 결제할게요."

문 앞에 서 계시던 할아버지가 별풍선이 궁금하셨는지 나에게 물었다.

"학생, 별풍선이 뭐여? 돈 대신 내면 그걸로 물건을 살 수 있는 거여?"

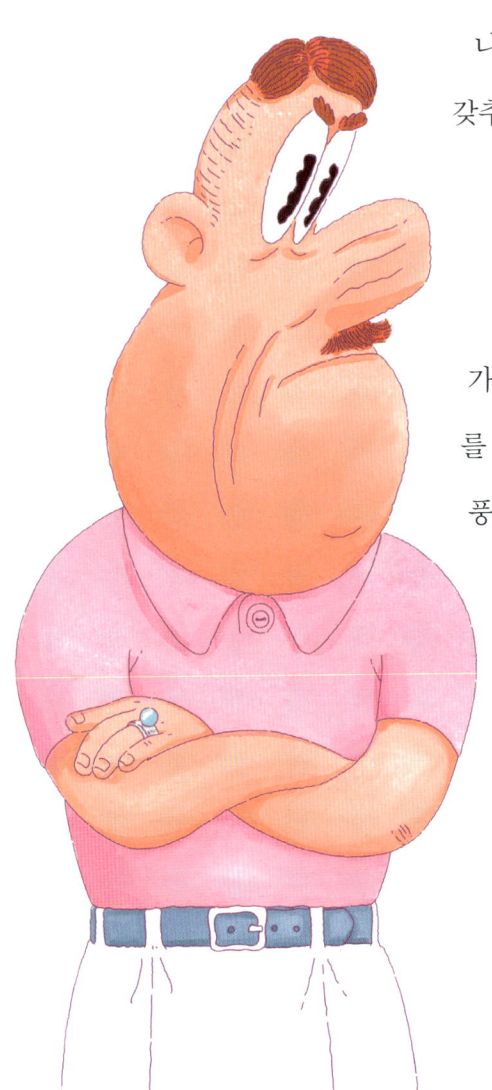

나는 할아버지의 질문에 최대한 예의를 갖추어 대답했다. 봉일 아저씨가 보고 있으니 편의점 홍보도 할 겸 말이다.

"네, 할아버지! 이 편의점에 참 잘 오셨어요. 여기는 물건마다 별풍선 퀴즈가 있어요. 물건을 하나 사서 별풍선 퀴즈를 맞히면 다음 물건은 무조건 공짜! 이 별풍선 덕분에 제 간식비가 많이 줄었다고요. 할아버지도 한번 도전해 보세요. 히히."

내가 생각해도 이 정도면 100점짜리 홍보다. 나는 '저 어때요?' 하는 표정으로 봉일 아저씨를 쳐다보았다. 분명 나에게 엄청 고마워하고 있을걸? 그런데 내 생각과는 반대로 아저씨의 얼굴은 사색이 되어 있었다. 매우 난처한 표정을 지으며 나와 할아버지 얼굴을 번갈아 가며 쳐다보는데 평소 아저씨의 모습과는 딴판이었다.

내 설명을 다 들은 할아버지는 아저씨 쪽으로 고개를 돌려 불같이 화를 내셨다.

"뭐여? 그랬던 거여? 내가 아무리 계산을 다시 해 봐도 가게 매출 내역이 딱 맞아떨어지지 않아 이상허다 했는디, 봉일이 너! 손님헌티 별풍선인가 뭔가 주면서 물건을 막 퍼 주고 있었던 것이여?"

할아버지의 불호령에 아저씨는 쩔쩔매며 말했다.

"아, 아부지. 제가 몇 번 말씀드렸잖아요. 제 꿈은 세상 사람들에게 과학 지식을 널리 널리 알리는 거예요. 그깟 과자가 얼마나 한다고 그러세요."

아저씨 말을 들은 할아버지는 기가 차다는 듯이 아저씨의 말을 받아치셨다.

"과학적 지식이고 나발이고 나중에 느 돈으로 가게를 차리면 그때 실컷 하든지 햐. 내 가게에서는 안 돼야."

나는 두 사람의 대화로 봉일 편의점의 숨겨진 모든 비밀을 알게 됐다. 저 할아버지가 주인이고, 봉일 아저씨는 아버지의 편의점에서 일을 하는 알바? 그럼, 아저씨와 했던 거래는 이제 없었던 일이 되는 것인가. 나는 용기를 내어 할아버지에게 물었다.

"저, 할아버지. 아, 아니, 사장님. 제가 저번 퀴즈를 맞혀서 이미 별풍선을 획득한 상태거든요. 그래서 이 탄산음료는 별풍선으로 결제하려고 해요. 분명 저랑 봉일 아저씨랑 계약을 한 게 있다고요. 저 지금 목이 많이 말라서 음료수 먹고 싶은데 먹어도 되죠?"

할아버지는 아까보다 더 어이가 없다는 눈으로 나와 봉일 아저씨를 번갈아 쳐다봤다.

"참, 봉일이도 봉일이지만 꼬마 손님도 참 특이허네. 어쨌든 봉일이가 한 계약이니께 아버지인 내가 모르는 척 할 수는 없는 노릇이고. 그럼 이렇게 허자. 오늘 퀴즈는 내가 낼 텐께 맞히면 계속 봉일이랑 계약을 유지허고 틀리면 오늘로서 계약은 끝인 거여. 알겠습니까. 고객님?"

도명이 이겨라!

이렇게 된 이상 난 선택의 여지가 없었다. 할아버지가 내는 퀴즈는 좀 더 어려울 것 같았지만 나 자신을 믿어 보는 수밖에.

"네! 좋아요."

"고 녀석, 패기는 마음에 드는구만. 자! 그럼 문제."

할아버지는 창고에서 손 하나가 들어갈까 말까 한 구멍이 뚫린 상자 하나를 꺼내 왔다. 그리고 그 상자 안에 방금 내가 골라 온 탄산음료 캔과 캔 커피, 주스 캔을 담고 섞었다. 그러고선 퀴즈를 냈다.

"자, 방금 이 상자에 내가 캔 세 종류를 담은 거 봤제? 내가 요것들을 막 섞어 놨어. 꼬마 손님은 이 안을 보지 말고 손만 집어넣어서 어느 게 탄산음료인지 고르면 되는 거여. 기회는 딱 한 번 잉께 맹심하라고."

✦ 별풍선 퀴즈 ✦

톡 쏘는 탄산음료를 사랑해 주시는 고객님께,
이 구멍 뚫린 상자 속에는 탄산음료 캔과
커피 캔, 주스 캔이 섞여 있답니다.
구멍 속을 보지 말고 손의 감촉만을 사용하여
다음 문제를 해결해 주세요.

어느 것이 탄산음료 캔일까요?

아니, 내가 초능력이 있는 것도 아니고 상자 안을 보지도 않고 어떻게 맞춘담. 갑자기 눈앞이 막막해졌다. 모양도 다 같은 원통형에 크기도 비슷할 텐데……. 나는 떨리는 손을 상자 안에 집어넣으며 최대한 손끝의 감각에 집중했다. 윗면, 옆면, 아랫면을 천천히 만져 보며 차이점을 찾으려 노력했다. 이럴 줄 알았으면 평소 음료수 마실 때 자세히 좀 볼걸.

　그때, 앞서 만진 두 캔의 바닥과는 조금 다르게 생긴 듯한 마지막 캔의 바닥이 만져졌다.

　'앞 두 개의 캔 바닥은 모두 평평했는데, 지금 이 캔의 바닥만 오목하게 들어가 있어! 차이점이라고는 이거 하나밖에 없는 것 같은데……. 그렇다면 정답은?'

나는 바닥이 오목하게 들어간 캔을 손으로 움켜쥐고 상자에서 꺼내 할아버지 앞에 내보였다.

"할아버지, 찾았어요. 바로 바닥이 오목하게 들어간 이 캔이 탄산음료예요!"

다행히도 내가 꺼낸 건 탄산음료가 맞았다. 할아버지는 내가 꺼낸 캔을 보고서는 얼굴을 찌푸렸다.

"에구, 내 팔자야. 편의점으로 부자 되기는 글렀구만 글렀어."

할아버지는 땅이 꺼져라 한숨을 쉬시더니 뒤도 돌아보지 않고 편의점을 나갔다.

할아버지가 나가자 아저씨가 기다렸다는 듯 말했다.

"휴! 십년감수했다. 우리 아버지가 한다면 하는 성격이거든. 어쨌든 축하한다. 바닥이 오목하게 들어간 것으로 탄산음료를 찾아내다니 대단한걸? 자, 그렇다면 그 이유도 한번 살펴볼까?"

아저씨는 계산대 위에 이것저것 실험 도구를 펼쳐 놓았다. 에휴, 뭐든 그냥 넘어가는 법이 없어요.

"알겠어요. 알겠어. 일단 한 모금 마시고 시작하자고요."

내가 캔을 따자 '치이익' 하며 탄산이 빠지는 소리가 났다.

"바로 그 소리의 주인공 때문에 캔의 바닥을 오목하게 만들 수밖에 없는 거라고. 도명이 너, 탄산음료의 톡 쏘는 느낌이 무엇 때문인 줄

아니?"

"그 정도는 저도 알죠. 이산화탄소 때문이잖아요."

"잘 알고 있구나. 이산화탄소가 물에 녹으면 탄산이 되는데 이 탄산이 입안을 자극해서 톡 쏘는 느낌을 느끼게 하는 거란다. 그런데 사실 기체 상태의 이산화탄소는 물에 잘 녹지 않아."

"그런데 어떻게 녹인 거예요?"

나는 콜라를 홀짝거리며 물었다.

"억지로 녹인 거지. 이산화탄소가 잘 녹을 수 있는 환경을 만들어 준 뒤, 최대한 녹이고 강제로 뚜껑을 닫아 버리는 거야."

"강제로요? 그래서 제가 캔 뚜껑을 따니까 기다렸다는 듯이 이산화탄소들이 탈출했던 거군요. 쯧쯧, 얼마나 답답했을까?"

내가 이산화탄소에 감정 이입이 된 사이 아저씨는 실험 준비를 모두 마친 듯했다.

"자, 그럼 아까 말했던 '이산화탄소가 잘 녹을 수 있는 환경'이 어떤 환경인지 한 번 알아볼까? 먼저 온도가 낮을 때와 높을 때, 이산화탄소가 어디서 더 잘 녹을지 살펴보자."

시험관을 뚫어져라 쳐다보고 있는데 따뜻한 물에 담겨 있는 시험관에서 더 많은 기포 방울이 뽀글뽀글 올라오고 있는 것을 확인할 수 있었다.

"어? 아저씨, 얼음물에서는 기포가 별로 안 올라오는데 따뜻한 물에 담긴 탄산음료에서는 기포가 계속 올라오는데요?"

"잘 봤다. 온도가 낮을 경우에는 이산화탄소가 물에 잘 녹아 있어 밖으로 나오지 않지만, 온도가 높아지면 높아질수록 녹지 못한 이산화탄소가 공기 중으로 빠져나오는 거지. 즉, 이산화탄소는 온도가 낮을수록 물에 잘 녹는 성질이 있어. 자, 이번에는 압력을 변화시켜 보자."

이번에도 두 시험관 사이의 변화가 확연히 나타났다.

"아무래도 뚜껑이 없으니까 탄산음료에 녹아 있던 이산화탄소들이 마음대로 탈출하고 있는 거 같아요. 기포가 엄청 많이 생겼어요."

"하하. 탈출이라고? 뭐 그렇게 생각할 수도 있겠구나. 두 시험관은 뚜껑이 있고 없고의 차이만 있는데, 뚜껑이 없다는 건 탄산음료에 가해지는 압력이 뚜껑을 닫은 것보다는 작다는 거지. 마치 아까 도명이네가 캔 뚜껑을 딴 상태처럼 말이야."

"그럼, 압력이 높을 때가 물에 조금이라도 이산화탄소를 더 녹일 수 있는 거군요?"

"옳거니. 그럼 이산화탄소가 물에 잘 녹을 수 있는 두 가지 조건을 모두 찾았다. 하나는 낮은 온도, 또 하나는 높은 압력."

여기까지 설명을 마친 아저씨는 포스기 버튼을 눌러 사진 하나를 띄웠다.

"하지만 이산화탄소를 아무리 낮은 온도와 높은 압력에서 녹인다고 해도 억지로 녹은 이산화탄소는 계속해서 밖으로 빠져나오려고 해. 그 힘이 캔 내부의 벽을 향하게 되는 거고. 특히 캔의 바닥 부분이 가장 높은 압력을 받게 된단다."

아저씨는 내가 그새 다 마셔서 비워 놓은 탄산음료 캔을 뒤집어 보여 줬다.

"그게 캔 바닥을 오목하게 만든 이유랑 관련이 있는 거예요?"

"그렇지. 이렇게 곡선으로 휘어 있는 형태를 아치형이라고 하는데 이 형태는 위에서 누르는 힘을 양옆으로 분산시켜 줘. 그래서 평평한 면으로 만들었을 때보다 훨씬 안정적이지."

아저씨 설명을 들으며 고개를 끄덕이는데 갑자기 나도 모르게 트림을 하고 말았다. 콜라를 너무 빨리 마신 것 같더라니.

"끄억"

"뭐, 뭐냐? 너 방금 트림한 거야?"

"헤헤. 아저씨, 제 위 속에 들어간 이산화탄소들이 탈출을 시도하고 있나 봐요. 제가 좀 더 압력을 가해서 막았어야 했는데. 앗, 나의 실수."

나는 머리를 긁적이며 아저씨에게 어색한 웃음을 날렸다. 아저씨는 그저 고개만 절레절레 흔들 뿐이었다.

오늘의 용어 정리

이산화탄소를 많이 녹이려면 : 기체의 용해도

　일상생활에서 '물에 설탕이 녹는다.', '물에 이산화탄소가 녹는다.' 등의 표현을 자주 해. 이럴 때 사용하는 '녹는다'는 표현을 과학 용어로는 '용해'라고 하지. 녹이는 물질에 녹는 물질이 균일하게 섞여 들어가는 현상을 말하는 거야. 어떤 물질이 잘 녹는 정도는 '용해도'로 나타내지. 용해도가 크다는 말은 어떤 물질이 물에 최대로 녹을 수 있는 양이 많다는 뜻이기도 해.

　보통 고체는 물에 녹을 때, 압력의 영향을 크게 받지 않지만 온도에는 민감하게 반응해. 예를 들어 볼게. 추운 겨울날 코코아를 한잔 타 먹고 싶은데 진한 초코의 향기를 느끼려면 뜨거운 물에 코코아 가루를 풀어야 할까? 찬물에 코코아 가루를 풀어야 할까? 맞아. 당연히 뜨거운 물에 코코아 가루를 풀어야 더 많은 양을 제대로 녹일 수 있겠지? 이처럼 고체의 용해도는 온도가 높을수록 커지는 특징이 있단다. 하지만 이산화탄소와 같은 기체는 경우가 달라. 일단 기체의 용해도는 압력의 영향을 크게 받지. 압력이 높을수록 물에 녹을 수 있는 기체의 양이 증가해. 온도는 어떨까? 기체의 경우에는 고체와는 달리 온도가 낮을수록 물에 더 많이 녹는 성질이 있어. 이와 같은 성질 때문에 공장에서 탄산음료를 만들 때는 낮은 온도와 높은 압력이 필수 조건이 되는 거지.

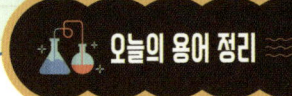

이산화탄소의 압력을 견뎌라 : 아치 모양

혹시 탄산음료를 마실 때 캔의 바닥을 살펴본 적 있어? 아마 바닥이 움푹 들어가 있다는 것을 발견하게 될 거야. 탄산음료를 담은 캔의 바닥이 만약 평평했더라면 내부에서 작용하는 이산화탄소의 압력을 견디지 못하고 바닥이 금세 볼록하게 튀어나와 버릴 거야. 그만큼 이산화탄소가 캔 벽면에 작용하는 내부 압력이 크기 때문이지. 그래서 처음에 캔을 만들 때, 아치 모양을 생각하게 되었지. 아치는 위에서 누르는 힘을 옆으로 분산시키는 특징이 있어. 그래서 무거운 물체를 올려놓거나 높은 압력으로 눌러도 견뎌 낼 수 있는 거야.

자동차가 지나다니는 터널을 생각해 볼까? 터널은 산을 돌아가는 수고를 줄이기 위해 만든 건축물이야. 산 중간을 뚫고 만들어야 해. 당연히 터널은 산을 이루고 있는 엄청난 흙과 돌의 무게를 견뎌야만 하겠지? 그래서 선택된 모양이 아치 모양이야. 높은 하중을 견디기에는 아치 모양이 아주 효과적이기 때문이지.

생활 속 과학 돋보기

생활 속에서 만나는 기체의 용해도

알고 보면 기체의 용해도와 밀접한 관련이 있는 생활 속 현상들이 많이 있어. 물고기를 키우는 친구들은 아마 잘 알고 있을 거야. 여름철이 되면 어항 속 물고기들이 유독 수면 위로 올라와 입을 뻐끔거린다는 사실을 말이야. 그 이유는 여름이 되어 어항 속 물의 온도가 올라가면서 녹아 있던 산소의 양이 줄어들었기 때문이지. 그래서 물고기들은 호흡하기가 어려워져서 수면 위에서 입을 뻐끔거리며 숨을 쉬는 거야.

잠수병도 기체의 용해도와 관련 있는 현상이야. 바다 밑으로 내려갈수록 압력은 점점 높아져. 깊은 바다 밑에서 작업을 하던 잠수부가 빠른 속도로 수면 위로 올라오게 되면 갑자기 압력이 낮아져서 혈액에 녹아 있던 질소 기체의 용해도가 낮아져 혈관 속에 기포를 만들게 돼. 이게 몸에 통증을 일으키지. 그래서 깊은 곳에 잠수를 할 경우에는 몸이 적응할 수 있게 천천히 수면으로 올라와야 한단다.

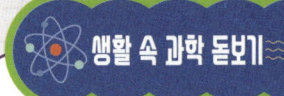

팔방미인 아치의 활용

무거운 무게도 잘 버텨 내는 아치는 주위를 둘러보면 금방 찾을 수 있어. 가까운 예로 우리 발바닥을 살펴볼까? 발바닥은 우리 몸의 전체 무게를 지탱해야 하는 곳이야. 아치 모양의 발바닥은 몸의 무게를 균형적으로 잘 분산시켜 활동을 할 때, 그 피로도를 줄여 줘.

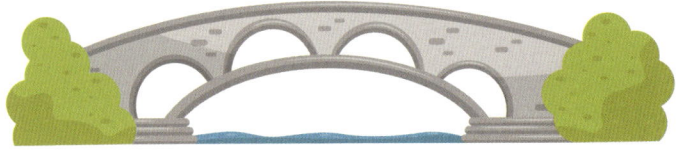

또 우리가 버스나 자동차를 타고 지나다니는 다리도 아치 모양이야. 다리 위로 엄청난 수의 자동차와 사람들이 지나다닐 텐데 그 무게를 제대로 견디기 위해서는 힘을 고루 분산시켜 오래도록 견딜 수 있는 아치 모양이 딱이겠지? 비슷한 원리로 터널, 건물의 대문 등도 주로 아치 모양의 건축 양식을 사용하고 있어.

왕관 병뚜껑의 발견

지금은 탄산음료가 캔에 담겨 유통되고 있지만 처음 시중에 소개되었을 때는 유리병에 담겨 있었대. 물론 지금도 유리병에 담긴 탄산음료 맛이 최고라며 유리병을 고집하는 마니아층이 있긴 하지만 말이야.

유리병에 담긴 탄산음료를 밀봉하고 있는 병뚜껑을 일명 '왕관 병뚜껑(Crown cap)'이라고 불러. 이 병뚜껑은 한 농부의 끈질긴 연구를 통해 세상에 나올 수 있게 되었단다.

1890년 미국 시카고 근처에서 농사를 지으며 살고 있던 윌리엄 페인터 씨 부부는 농사일을 마치고 소다수 한잔 시원하게 마시는 걸 낙으로 삼았다고 해. 당시만 해도 먹다 남은 소다수는 코르크 마개로 막아 보관하고 있었는데, 아뿔사, 그렇게 보관했던 소다수가 상한 줄도 모르고 꿀꺽꿀꺽 마셔 버렸지 뭐야. 당연히 패인터 씨는 식중독에 걸려 한참을 고생하게 되었지. 이 일이 있고 난 후, 페인터 씨는 소다수가 상하지 않는 병뚜껑을 만들기로 결심했어. 부부는 5년이라는 시간을 투자하며 지금까지 만들어진 병뚜껑들의 장단점을 분석했대. 개발에 개발을 거듭하여 지금 우리가 사용하고 있는 왕관 모양의 병뚜껑이 탄생하게 되었고 말이야.

　이 왕관 병뚜껑에는 중요한 비밀이 하나 숨어 있는데, 전 세계에서 사용되는 왕관 병뚜껑 둘레의 톱니 수는 모두 21개로 동일하다는 거야. 톱니 수가 21개로 정착되는 과정에도 수많은 실험과 연구가 있었지. 톱니 수가 너무 많으면 뚜껑을 따기가 너무 어려워지고, 톱니 수가 21개보다 적어지면 탄산음료 내부의 압력을 견디지 못해 스스로 열리는 일이 발생했대. 그래서 최적의 개수인 21개로 지금의 왕관 병뚜껑은 그 명맥을 이어 가고 있지.

탄산음료 이야기

먹고 남은 탄산을 제대로 보관하는 방법은?

페트병에 들어있는 탄산음료를 다 마시지 못하고 뚜껑을 닫아 보관해 놓아야 할 때가 있어. 이럴 때는 뚜껑을 연 상태에서 페트병을 찌그러트린 뒤 다시 뚜껑을 닫고 냉장고에 넣어 봐. 이렇게 하면 페트병 안의 빈 공간이 적어져서 음료 안에 녹아 있던 이산화탄소가 일정 양 이상은 빠져나올 수가 없대.

100년 동안 비밀 유지, 코카콜라의 제조법

코카콜라를 발명한 존 펨버턴은 코카콜라에 제조 비법을 은행의 대형 금고에 보관해 두었대. 코카콜라 뒷면에 있는 성분표를 보면 제조 원료가 나와 있지 않냐고? 맞아. 설탕, 탄산수, 카페인 등 주 원료들은 표기되어 있지. 하지만 코카콜라를 만들 때 반드시 들어가야 하는 핵심 원료는 빠져 있어. '7X'라는 성분인데 이 비법은 100년이 넘는 시간 동안 회사의 극비 사항으로 보존되고 있다. 많은 사람들이 '7X'의 비밀을 풀어 보려 했으나 아직까지 완벽히 성공한 사람은 없다고 하네.

💡 제로 콜라, 제로 사이다는 어떻게 '제로'가 될까?

편의점에 가 보면 탄산음료에도 많은 종류가 있다는 걸 알게 돼. 그중에서 눈에 띄는 '제로 콜라'와 '제로 사이다'는 다이어트를 하거나 설탕 섭취를 줄이려는 사람들에게 인기가 많지. 그런데 탄산음료의 '제로'는 어떻게 가능한 걸까? 사실, 이 제로 탄산음료에는 설탕 대신 인공 감미료의 일종인 '수크랄로스'와 '아세설팜칼륨'을 사용해. 이 감미료는 단맛을 내지만 칼로리가 거의 '0'에 가깝기 때문에 살이 찌지 않는다고 알려지게 된 거지. 하지만 이것 자체도 단맛이 있기 때문에 식욕을 자극하기도 하고 장기간 먹었을 때에는 혈당이 상승할 수도 있다고 해. 그러니 이 점을 생각하면서 과하지 않게 적당히 즐기는 태도가 필요하겠지?

일곱 번째

엄청난 수증기 압력
팝콘

"지이잉"

편의점으로 들어가니 웬 기계 소리가 들린다. 봉일 아저씨가 계산대 위에서 뭔가를 열심히 만들고 있었다. 내가 들어가 인사를 했으나 들리지 않는지 계속해서 작업에 열중하고 있었다. 이번엔 또 뭘 만드시나. 저번부터 세상을 뒤집어 놓을 발명품을 만들 거라며 큰소리치던데, 혹시?

나는 호기심에 계산대 근처로 다가갔다. 그제서야 내가 편의점에 들어온 걸 눈치챈 아저씨는 깜짝 놀라며 부리나케 하던 작업을 마치고 계산대 위를 치우기 시작했다.

"왔으면 말을 하지. 깜짝 놀랐잖아."

"아, 아까 인사드렸는데 못 들으셨나 봐요. 그나저나 뭘 그렇게 만들고 계세요?"

"흠흠. 그건 알려 줄 수 없어. 내 영업 기밀이거든."

치. 저도 별로 안 궁금하거든요? 나는 과자나 고르기로 했다.

어? 그런데 이게 웬 횡재? 과자 코너에 가 보니 팝콘에 '1+1 행사' 스티커가 떡하니 붙어 있다. 평소 영화를 볼 때 아니면 팝콘을 일부러 찾지는 않지만 '1+1 행사'라면 말이 달라지지.

나는 팝콘 봉지를 야무지게 집어 들고 아저씨에게 내보였다.

아저씨는 의미심장한 표정을 지으며 팝콘의 바코드를 찍었다.

"삐! 팝콘 인식 완료. 기체의 압력에 따른 미션."

"아저씨, 이거 1+1 맞죠? 한 봉지 더 주실 거죠? 제가 저기 가서 가져올까요?"

두 봉지를 먹을 생각에 신이 난 나는 아저씨에게 질문 세례를 퍼부었다. 하지만 아저씨는 그저 씨익하고 웃더니 계산대 밑에서 팝콘 봉지 하나를 꺼냈다. 어라? 계산대 밑에서 나오는 팝콘이라. 뭔가 심상치 않은데? 의심의 눈초리로 팝콘을 주시하고 있는데, 아저씨가 갑자기 팝콘 봉지를 뜯어 접시에 옥수수 알갱이만 털어 낸다.

눈이 동그래진 나에게 아저씨가 웃으며 말했다.

"역시, 1+1이라고 하면 도명이 네가 무조건 팝콘을 고를 거로 생각했어. 이 팝콘에는 내가 새로 고안해 낸 별풍선 퀴즈가 들어 있지. 이 팝콘은 퀴즈를 위해 특수 제작한 팝콘이고 말이야. 자. 그럼 나도명 고객님, 별풍선 퀴즈에 도전하시겠습니까?"

아, 속았다. 천하의 나도명이 1+1 상술에 넘어가다니. 하지만 어쨌든 퀴즈는 풀어야 하니까. 나는 한숨을 한 번 폭 내쉬고는 '도전'을 외쳤다. 아저씨는 버너 위에 프라이팬을 올렸다. 그리고 프라이팬에 버터를 충분히 두른 뒤, 옥수수 알갱이를 흩뿌려 놓았다.

"자, 모든 세팅을 마쳤으니 이제 퀴즈를 공개하지. 이 옥수수 알갱이에는 비밀이 하나 숨어 있어. 아무리 볶아도 절대 팝콘이 될 수 없지. 자! 팝콘에는 어떤 비밀이 숨어 있을까?"

✦ 별풍선 퀴즈 ✦

목화솜같이 하얀 팝콘을
사랑해 주시는 고객님께,
팝콘이 옥수수로 만들어진다는 것은 다 알고 계실 테죠?
이 프라이팬에 담긴 옥수수에는 아주 큰 비밀이 있답니다.
아무리 볶아도 절대 팝콘이 될 수 없죠.

**팝콘이 될 수 없는 이 옥수수 알갱이에는
어떤 비밀이 숨어 있을까요?**

저 옥수수 알갱이들이 절대 팝콘이 될 수 없다고? 그럴 리가.

나는 옥수수 알갱이 하나를 집어 들었다. 일단 후각을 동원해 보기로 했다. 진한 버터 향이 코끝을 자극했다. 괜히 더 먹고만 싶어지고 별다른 수확이 없다. 이번엔 맛을 한번 볼까? 옥수수에 뭘 뿌렸을 수도 있잖아? 나는 옥수수 한 알을 집어서 입안에 넣어 씹어 보았다. 하지만 딱딱해서 턱만 아프기만 할 뿐. 일반 옥수수 알갱이와 별다른 차이점을 느낄 수 없었다.

도대체 뭐지? 이렇게 감이 잡히지 않을 때는 일단 행동으로 부딪쳐 보는 게 상책이다. 나는 가스버너를 켜고 옥수수를 볶기 시작했다. 편의점 가득 고소한 버터 향이 퍼졌다.

그런데 아저씨 말대로 좀체 옥수수 알갱이들이 터질 생각을 하지 않았다. 시간이 지날수록 옥수수 겉면만 까맣게 그을려졌다.

그때, 옥수수 알갱이에서 미세한 김이 올라오는 것이 보였다. 어? 나는 불을 끄고 돋보기로 옥수수 알갱이 하나를 자세히 들여다보았다. 세상에, 맨눈으로 봤을 때는 보이지 않던 작은 구멍이 그제서야 보였다. 모든 옥수수 알갱이에는 작은 구멍이 뚫려 있었고 김은 그 구멍 안에서 나오는 거였다.

"아저씨! 찾았어요. 옥수수 알갱이에 구멍이 뚫려 있어서 그래요. 그런데 너무 치사한 거 아니에요? 이렇게 작은 구멍을 어떻게 찾아요."

아저씨는 박수를 치며 나의 정답을 축하해 주었다.

"하하. 그 작은 구멍을 뚫느라 내가 애 좀 먹었지. 하지만 이렇게 작게 뚫어 놓아야 관찰할 때, 도구를 사용해야겠다는 생각을 할 게 아니냐. 과학의 기본은 관찰! 관찰을 할 때에 돋보기와 같은 도구를 사용하면 감각 기관의 한계를 극복해서 탐구 대상을 더 자세히 살펴볼 수 있지."

아저씨는 계속해서 말을 이어 갔다.

"네 말대로 옥수수에 구멍을 뚫어 놓았기 때문에 이 옥수수는 팝콘이 될 수 없어. 그 구멍으로 수증기가 빠져나와 버리기 때문이지."

"옥수수에 수증기가 있다고요?"

"응. 처음에는 액체 상태인 수분으로 있었겠지. 옥수수의 약 15% 정도가 수분으로 이루어져 있거든. 그 수증기가 바로 팝콘을 만드는 주인공이란다. 그럼 여기서 질문! 액체 상태인 수분이 기체 상태인 수증기로 변할 때 가장 크게 변하는 게 뭔지 알아?"

"네, 당연히 기억하고 있죠. 젤리 문제 풀 때 알려 주셨잖아요. 고체, 액체, 기체순으로 갈수록 입자의 운동이 활발해져서 부피가 커지는 거라고요."

"오, 제법인데! 맞아. 특히 액체에서 기체로 변했을 경우 그 부피 변화는 상상을 초월하지. 물의 경우는 수증기로 변할 때 약 1700배 정도 부피가 팽창된다고 해."

"네? 1700배요? 그렇게나 부피가 커진다고요?"

"엄청나지? 하지만 여기서 문제가 하나 생겨. 옥수수 안의 수분은 수증기로 변하면서 1,700배 만큼 부피가 커져야 하지만 옥수수 껍질이 너무 단단해서 그만큼의 공간만큼 늘어나질 못하는 거야. 그러니 옥수수 안에서 난리가 나는 거지. 열에너지를 한껏 받은 수증기 입자들이 옥수수 내부 벽면에 막 부딪히면서 밖으로 나가려 하는데, 껍질은 꿈쩍도 하지 않고 말이야. 그 결과 옥수수 내부 압력은 점점 더 커지는 거지."

아저씨는 풍선을 하나 불더니 끝을 묶어 흔들어 보였다.

"자, 이 풍선 안에는 수많은 기체 입자가 들어 있어. 눈에 보이지 않지만 기체 입자들은 아마 풍선 안에서 자유롭게 기체 운동을 하며 이리저리 움직이고 있을 거야. 쉴 새 없이 풍선 벽에 부딪치기도 하고 말이야. 그럼 풍선 벽은 기체 입자에 의해 힘을 받게 되겠지. 이 힘의 크기가 클수록 풍선 속 기체의 압력이 크다고 하는 거야."

"기체의 운동이 압력을 만들어 내는 거예요?"

"그렇지. 그럼 기체의 압력을 더 크게 만들고 싶다면 어떻게 하면 될까?"

"음, 기체 입자가 부딪치면서 벽을 미는 힘 때문에 압력이 생기는 거니까 기체가 부딪칠 때 더 큰 힘으로 밀면 되지 않을까요? 아니면 더 자주 벽에 충돌하거나."

"딩동댕! 네 말대로 한 번 충돌할 때 그 힘을 더 강하게 만들어 주거나, 아니면 벽과 충돌하는 횟수를 늘려 주면 돼. 즉, 양을 늘리든지 질을 높이든지 둘 중 하나인 거지."

아저씨는 강아지 포스기를 작동시켜 옥수수 알갱이가 팝콘이 되는 과정을 확대해서 보여 주었다.

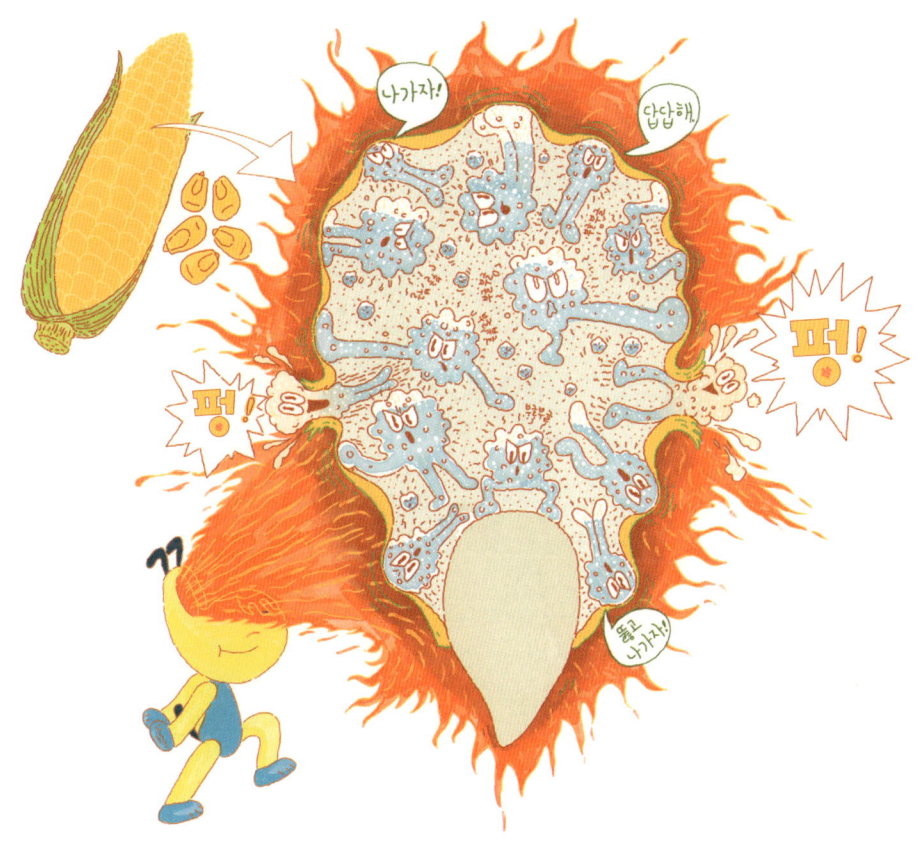

 "자, 옥수수 알갱이 안에서도 같은 일이 일어나고 있어. 지금 옥수수 알갱이에는 수증기 기체들이 가득 차 있어. 기체들이 어떻게 탈출하는지 한번 살펴볼까?"

 화면에는 옥수수 안에 있던 수분이 열에너지를 받아 수증기로 변화하고 있는 모습이 보였다. 수증기로 변한 기체들은 옥수수 안에서 자유롭게 이동하며 기체 운동을 하기 시작했다.

가스버너의 불이 계속해서 옥수수 알갱이를 달구자 그 안에 있던 수증기 입자들의 운동은 눈에 띄게 빨라졌다.

"점점 온도가 높아지니까 기체도 더 빠르게 움직이는 거 같은데요?"

"잘 봤어. 기체의 온도가 높아지면 그만큼 에너지를 많이 받았다는 뜻이야. 그래서 더 빠른 속도로 움직이게 되지. 빠른 속도로 옥수수 벽에 부딪치게 되면 압력은 훨씬 더 커지겠지?"

아저씨는 팝콘이 완성되는 다음 단계를 마저 보여 줬다.

한껏 뜨거워진 기체들이 사정없이 옥수수 벽에 빠른 속도로 부딪치고 있었다. 직감적으로 저 옥수수 껍질이 아무리 단단하다 하더라도 더 이상 버티는 것은 무리일 것 같았다.

"이제 곧 터질 것 같은데요?"

내 말이 끝남과 동시에 영상 속 몇몇 옥수수 알갱이들이 '펑' 소리를 내며 목화솜처럼 뽀얀 속살을 드러냈다.

"음~ 보기만 해도 맛있어 보이는군. 자, 그럼 우리도 이제 제대로 된 팝콘을 먹어 보도록 할까?"

아저씨는 진열대에서 팝콘 한 봉지를 더 가지고 와서 전자레인지에 집어넣었다. 저렇게 쉽게 해서 먹을 수 있는 걸 굳이 구멍까지 내가며 고생을 한 아저씨도 참 대단하다. 아저씨는 완성된 팝콘을 전자레인지에서 꺼내 나에게 건네주며 말했다.

"자, 이 팝콘까지 주면 1+1이 맞는 거지?"

"네? 아저씨, 제대로 된 팝콘을 이제야 하나 받았는걸요? 아까 구멍 뚫린 팝콘, 아니, 옥수수 알갱이까지 포함해서 1+1이라고 우기시려는 건 아니겠죠?"

"나도명, 내가 옥수수 알갱이에 구멍을 뚫느라 얼마나 고생했는 줄 알아? 옥수수 껍질이 엄청 단단해서 드릴까지 써 가며 뚫은 구멍이라고. 내가 너 별풍선 문제 내준다고 이렇게 고생 고생했건만."

아저씨는 팔짱을 끼고 휙 돌아섰다. 옴마야? 저 아저씨 삐진 거야?

"아이참, 알겠어요. 알겠어. 아저씨가 별풍선 문제 내느라 고생하는 거 다 알죠. 이 팝콘 같이 나눠 먹을까요?"

상대의 화를 풀어 주는 데 가장 효과적인 방법은 맛있는 음식을 함께 나눠 먹는 것이다. 이건 내가 5년간의 학교생활을 통해 터득한 생활의 지혜다. 역시 아저씨는 스르르 팔짱을 풀더니 내가 주는 한 주먹의 팝콘을 못 이기는 척 받았다.

아저씨는 금세 기분이 좋아졌는지 다음에는 더 기발하고 재미있는 과학 문제를 만들 거라며 자신의 포부를 밝힌다.

아! 왠지 앞으로 이 편의점에 더 자주 들락거리게 될 것 같은 이 느낌적인 느낌은 뭐지?

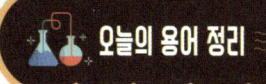
오늘의 용어 정리

압력이란?

압력이란 간단하게 말하면 '누르는 힘'을 뜻해. 내가 만원이 된 지하철을 타고 있는데 어떤 사람이 실수로 내 발을 밟았다고 생각해 보자. 그 사람이 운동화를 신고 내 발을 밟았을 때와 하이힐을 신고 내 발을 밟았을 때, 내가 느끼는 고통은 사뭇 다를 거야. 당연히, 하이힐에 발이 밟혔을 때가 더 아프겠지. 이유는 단위 면적당 수직으로 누르는 힘이 운동화보다 하이힐이 더 크기 때문이야. 그래서 힘의 크기가 클수록, 닿는 면적이 좁을수록 압력은 더 커지지.

특히 기체의 압력은 기체 분자가 일정한 넓이에 수직으로 작용하는 힘의 크기를 뜻해. 기체 분자가 용기 안에서 운동하면서 용기 벽에 충돌하게 되는데 이 과정에서 압력이 발생하는 거야. 따라서 기체의 압력이 커지기 위해서는 기체 분자의 충돌 횟수가 많아져야 하지. 즉, 충돌하는 기체 분자의 수가 늘어날수록, 용기의 부피가 작을수록, 온도가 높을수록 기체의 압력은 커져. 온도가 높을수록 기체 분자의 충돌 횟수가 많아지는 이유는 아까 팝콘의 예에서도 잘 보았지? 온도가 높을수록 기체의 운동량이 많아지면서 더 활발하게 벽에 부딪히기 때문이야.

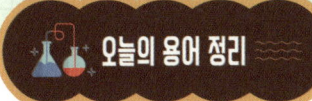

팝콘 튀기기 : 기체의 압력

　고체의 경우에는 입자가 서로 단단하게 결합되어 있어 일정한 형태를 계속해서 유지해. 하지만 기체는 매우 자유롭게 운동을 하고 있기 때문에 어떤 용기에 담기든 그 용기를 가득 채우게 되지. 일정한 형태를 유지하는 고체는 압력의 방향이 거의 중력 방향과 일치해. 하지만 기체의 경우에는 입자들이 매우 자유로운 운동을 하고 있는 상태이기 때문에 모든 방향에서 압력이 작용하지. 즉, 기체의 압력은 고체와는 달리 끊임없이 입자가 운동을 하고 있기 때문에 생기는 것이라고 정리해 볼 수 있어.

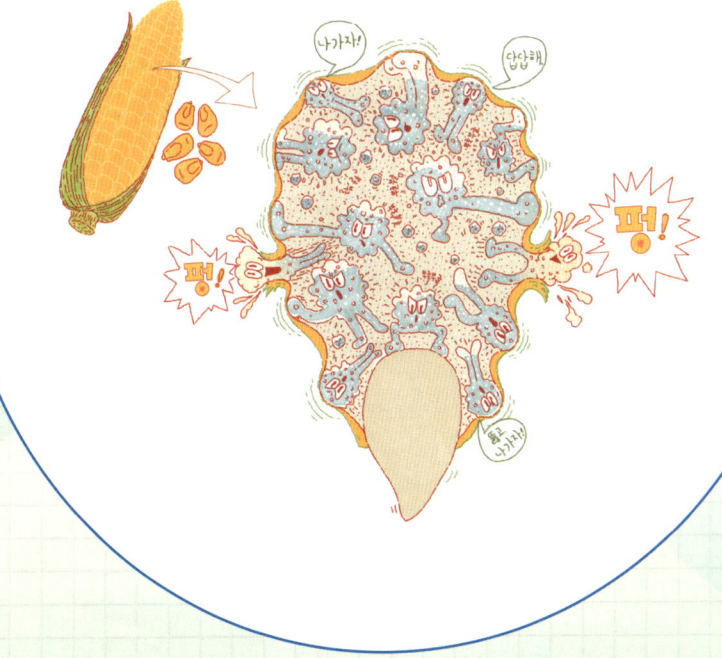

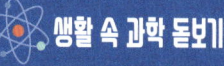

모든 옥수수가 팝콘이 되는 것은 아니야

팝콘이 되기 위해서는 팽창한 수증기가 단단한 껍질을 한 번에 '펑' 하고 뚫고 나오는 과정을 거쳐야 해. 중간에 수증기가 빈틈으로 새어 나가거나 충분한 수분이 옥수수 알에 들어 있지 않으면 팝콘이 될 수 없는 거지. 팝콘이 될 수 있는 옥수수는 '폭립종' 옥수수인데 수분을 10~15% 정도 함유하고 있고 껍질이 매우 단단하다는 특징이 있지.

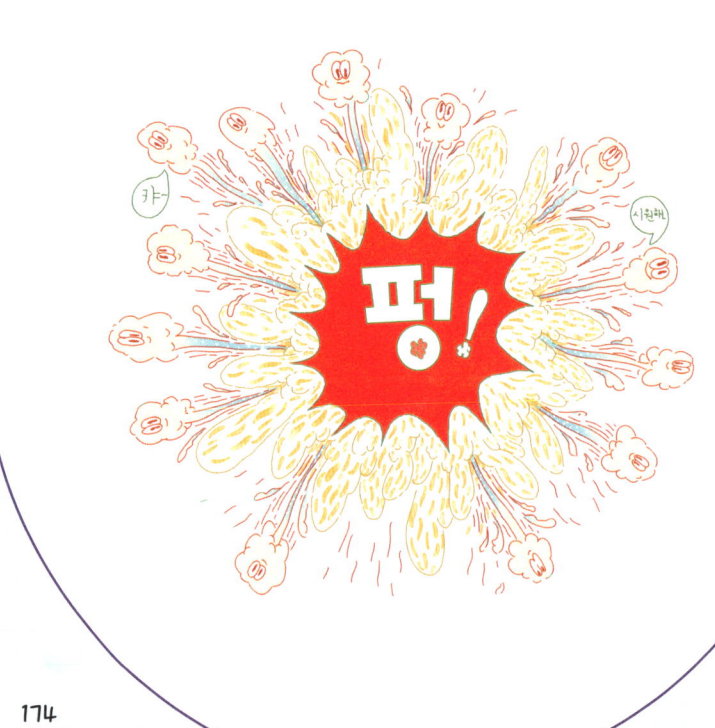

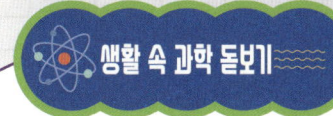

팝콘을 만드는 수증기의 힘이 증기 기관차를 움직였다고?

1차 산업 혁명의 상징인 증기 기관차는 어떤 원리로 움직일 수 있었을까? 바로 팝콘을 터트리는 수증기의 힘이 증기 기관차에도 그대로 적용되었다고 해. 수증기가 얼마나 큰 힘이 있길래 그렇게 무겁고 커다란 증기 기관차를 움직이게 할 수 있었을까?

예를 하나 들어 보자. 추운 겨울날, 따뜻한 차를 마시기 위해 주전자에 물을 데우고 있어. 뚜껑을 닫고 물을 데우고 있는데, 어느 정도 온도가 올라가면 주전자에 김이 오르며 뚜껑이 들썩거리지. 바로 그 뚜껑을 들썩거리게 하는 힘이 수증기의 힘이야.

기관차 내부에서도 석탄 등을 이용해서 물을 끓여. 그럼 물이 수증기 상태로 변하면서 팽창하는 힘이 증기 기관차의 피스톤을 움직이게 하는 거야. 이 피스톤은 기관차의 바퀴의 구동축과 연결되어 있어 피스톤이 늘어났다 줄어들었다 하면 바퀴가 돌아가게 되는 거지.

팝콘, 인디언들의 발명품

처음 다른 민족에게 팝콘이 전해진 것은 신대륙에 영국 청교도인들이 정착하고 나서부터래. 약 17C경에 영국에 살던 청교도인들은 종교의 자유를 찾아 아메리카 대륙으로 피난을 오게 돼. 이미 아메리카에서 토착민으로 살고 있던 인디언들은 낯선 이들이 몰려오니 긴장할 수밖에. 하지만 새로운 대륙에 힘들게 적응하는 청교도인들을 보면서 인디언들은 도움을 주기로 했어.

배고픔에 시달리던 청교도인들에게 옥수수를 튀겨 만든 팝콘을 선물한 거지. 일설에 따르면 인디언의 꿈에 옥수수 정령이 나타나서 청교도인들에게 옥수수를 갖다주라고 했다나? 덕분에 청교도인들은 굶주림에서 벗어날 수 있었고 옥수수 재배법과 팝콘 만드는 법을 익혀 정착 생활에 성공하게 되었대.

이런 팝콘이 많은 대중에게 알려지면서 사랑받기 시작한 건 1880년대 팝콘 만드는 기계가 개발되면서부터래. 기계가 개발되고 대량 생산이 가능해졌고, 이 팝콘은 아주 저렴한 가격에 판매되었어. 미국 대공황 기간 동안에는 약 5~10센트 정도로 판매되면서 형편이 어려운 사람들의 주린 배를 채워 주는 고마운 양식이 되기도 했대.

팝콘 이야기

팝콘 브레인을 조심하세요

미국의 한 정보대학원 교수가 '팝콘 브레인(Popcorn Brain)'이라는 용어를 만들어 냈어. 팝콘 브레인은 뇌가 스마트폰과 같은 디지털 기기에 너무 많이 노출되어 일상적이고 소소한 것에는 별다른 흥미를 느끼지 못하고 무감각해지는 현상을 뜻해. 팝콘처럼 '펑' 하고 튀는 강렬한 자극에만 반응한다고 하여 이런 이름이 붙여졌지. 디지털 기기를 너무 많이 사용하는 사람에게 특히 일어나기 쉬운 현상이라고 하니 너무 오랜 시간 컴퓨터나 스마트폰을 하지 않도록 노력하는 게 좋겠지?

팝콘과 강냉이, 어떻게 다를까?

외국에 팝콘이 있다면 우리나라에는 강냉이가 있지. 팝콘과 강냉이 모두 옥수수로 만드는데 왜 모양에서 차이가 나는 걸까? 바로 옥수수 품종이 다르기 때문이야. 팝콘용 옥수수는 수분 함량이 높고 껍질이 두껍고 알이 작은 폭립종 옥수수를 사용해. 강냉이용 옥수수는 수분이 적고 껍질이 얇은 납질종 옥수수, 흔히 우리가 먹는 찰옥수수로 만들지. 그래서 강냉이용 옥수수를 전자레인지에 놓고 아무리 조리를 해도 타기만 할 뿐 팝콘처럼 부풀어 오르지는 않는 거지.

영화관과 팝콘의 만남

팝콘이 처음부터 영화관에서 환영을 받았던 간식은 아니었대. 1920년대 미국 극장에서는 오히려 팝콘이 영화관 카펫을 더럽힌다는 이유로 반입 금지 조치까지 취해졌다고 하지 뭐야. 그런데 경제 대공황으로 어려워진 사람들이 영화관에 발길을 끊자 영화관측에서는 손님들을 불러 모으기 위해 당시 사람들의 사랑을 받았던 팝콘 반입을 허용하게 되었대. 지금까지 영화관에서 팝콘이 사랑받고 있는 이유야.

에필로그

오늘도 나는 어김없이 봉일 편의점에 들렀다. 참새가 방앗간을 그냥 지나칠 수는 없지. 아저씨는 편의점 문이 열리는 종소리만 들리면 "도명이냐?" 하고 묻는다. 오늘은 나 말고 다른 어린이 손님들이 편의점에 방문했다. 그것도 세 명씩이나!

편의점 문을 열고 들어오는 모습부터 심상치 않았다. 두 명은 여학생이 맞는데 한 명은 남학생인지 여학생인지 도통 구분이 안 된다. 어쨌든, 나만 알고 있던 이 편의점에 다른 누군가가 찾아오다니. 괜히 신경이 쓰였다. 아이들이 봉일 아저씨에게 다가가 물었다.

"아저씨, 여기가 문제를 맞히면 다음 사는 물건은 어떤 것이든 공짜로 주는 편의점 맞아요?"

아니, 저 소문은 또 어떻게 알고 온 거람?

아저씨가 당황했는지 말까지 더듬거리며 대답했다.

"어? 그, 그건 어떻게 아, 알고 온 거니?"

"아, 저희가 편의점을 탈탈 터는 데 일가견이 있는 삼총사거든요. 애들아, 우리 소개가 늦었다."

분홍치마가 나머지 두 명을 향해 손짓을 했다. 아까부터 남학생인지 여학생인지 헷갈려 보이던 아이가 나와서 봉일 아저씨에게 인사를 했다.

"저는 삼총사 중에서 체력을 맡고 있는 모하나라고 해요. 저기 행복초등학교 여자 축구부 에이스라고 하면 아시려나?"

아! 여자였다. 게다가 그 유명한 행복초등학교 여자 축구부 주장이라니.

그다음으로 긴 머리를 허리까지 땋아 내린 아이가 자기소개를 했다.

"저는 삼총사 중에서 덕을 맡고 있는 심청하라고 해요. 인, 의, 예, 지, 충, 효 이 모든 덕목을 마스터하는 게 제 목표이기도 하죠."

이야, 이름 하나는 찰떡으로 지었구먼. 나는 심청하라는 아이 부모님의 작명 센스에 감탄했다.

마지막으로 분홍치마의 차례다.

"저는 삼총사 중에서 지식을 맡고 있는 백설희라고 해요. 저기 건너편에 있는 '마기순 편의점' 아시죠? 거기 황금사과의 주인공이 바로 저라고요."

심상치 않은 세 아이의 자기소개가 끝난 뒤, 봉일 아저씨가 물었다.

"근데, 이 편의점에는 무슨 일로?"

아저씨의 말이 끝나기가 무섭게 모하나가 답했다.

"무슨 일이라니요? 편의점에 고객이 오는데 무슨 이유가 있겠어요? 맛있는 간식을 먹으려고 오는 거죠."

모하나의 말에 심청하가 부연 설명을 했다.

"맛있는 간식을 먹는데 과학 지식까지 얻을 수 있다면 금상첨화 아니겠어요? 사실, 저희가 인체에 대해서는 공부를 싹 끝내고 왔거든요. 이제 화학 공부를 좀 해 볼까 했는데, 마침 봉일 편의점이 생겼다는 소문을 듣고 이렇게 찾아오게 되었답니다."

우리의 봉일 아저씨, 큰일 났다. 안 그래도 편의점 매출이 줄어들고 있다고 아버지께, 아니 사장님께 엄청 혼나던데. 쯧쯧! 나도 모르게 봉일 아저씨에게 감정 이입이 되어 혀까지 찼다. 그런데 당하고만 있을 줄 알았던 봉일 아저씨의 반격이 시작됐다.

"그런 이유라면, 나도 호락호락하게 너희들과 별풍선 거래를 할 수는 없지. 도명아, 잠깐 이리 와 봐라."

"저, 저요?"

얌전히 과자를 고르고 있는 나를 갑자기 부르는 이유는 뭐람? 아저씨가 부를 것을 예상치 못했던 나는 쭈뼛거리며 계산대로 갔다.

봉일 아저씨가 내 어깨에 손을 얹으며 자못 중후한 목소리로 말했다.

"자, 이 아이가 우리 편의점 단골이자 VIP인 나도명이야. 별로 똑똑해 보이진 않지만 이래 봬도 근 1년간 나와 화학 공부를 해 온 고객이란다. 만약, 너희들이 나도명과 1:3으로 겨뤄서 별풍선 문제를 맞힐 수 있다면, 너희들에게도 별풍선 간식 서비스를 주지."

뭐라고? 내가? 왜? 나는 순간 내 귀를 의심했다. 그것도 1:3이라니? 내가 이의를 제기하기도 전에 세 명의 아이는 약속이라도 한 듯이 "좋아요!"라고 외쳤다.

"그래, 도명이도 자존심이 있는데 너희들이 좋다고 하는 걸 거절이야 하겠니? 도명아, 드디어 네 실력을 보여 줄 때가 왔다."

아, 망했다. 이 상황에서 못 하겠다고 발을 빼면 나는 뭐가 되겠나! 나는 하는 수 없이 고개를 끄덕였다.

오! 하느님, 부처님, 저는 언제쯤 이 편의점에서 벗어날 수 있는 건가요? 내 속을 아는지 모르는지 봉일 아저씨는 별풍선 문제를 낼 생각에 설레어서 그런 건지 얼굴에 함박웃음이 가득했다. 아무래도 이 편의점, 뭔가 있는 게 분명해!

1판 1쇄 발행일 2024년 9월 10일

글 고은지 그림 왕지성 감수 이정모
펴낸곳 (주)도서출판 북멘토 펴낸이 김태완
편집주간 이은아 편집 이상미, 김경란, 조정우 디자인 퍼플트리, 안상준
마케팅 강보람, 염승연
출판등록 제6-800호(2006. 6. 13.)
주소 03990 서울시 마포구 월드컵북로 6길 69(연남동 567-11) IK빌딩 3층
전화 02-332-4885 팩스 02-6021-4885

- bookmentorbooks.co.kr
- bookmentorbooks@hanmail.net
- bookmentorbooks__
- blog.naver.com/bookmentorbook

ⓒ 고은지, 2024

ISBN 978-89-6319-599-5 73430

※ 잘못된 책은 바꾸어 드립니다.
※ 이 책은 저작권법에 따라 보호를 받는 저작물이므로 무단 전재와 무단 복제를 금합니다.
※ 이 책의 전부 또는 일부를 쓰려면 반드시 저작권자와 출판사의 허락을 받아야 합니다.
※ 책값은 뒤표지에 있습니다.

인증유형 공급자 적합성 확인 **제조국명** 대한민국 **사용 연령** 8세 이상
KC마크는 이 제품이 공통안전기준에 적합하였음을 의미합니다.
종이에 베이거나 책 모서리에 다치지 않도록 주의하세요.